Maxim Werfel

AF773059

Koreanisch, authentisch, vegan!

Das koreanische Kochbuch mit über 60 veganen Rezepten zu Ramen, Bowls, Dumplings, Kimchi und mehr!

LeseGlück

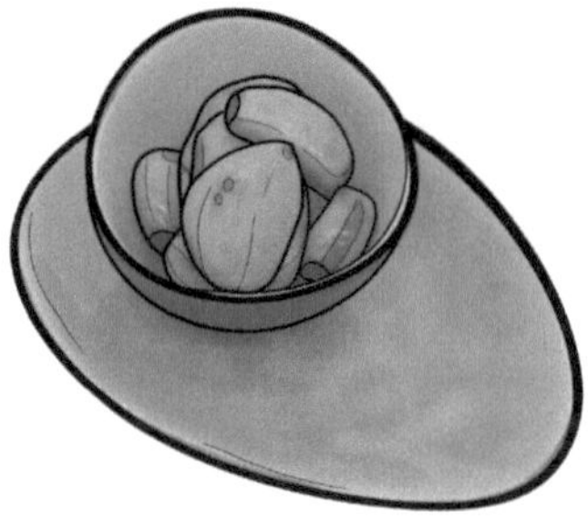

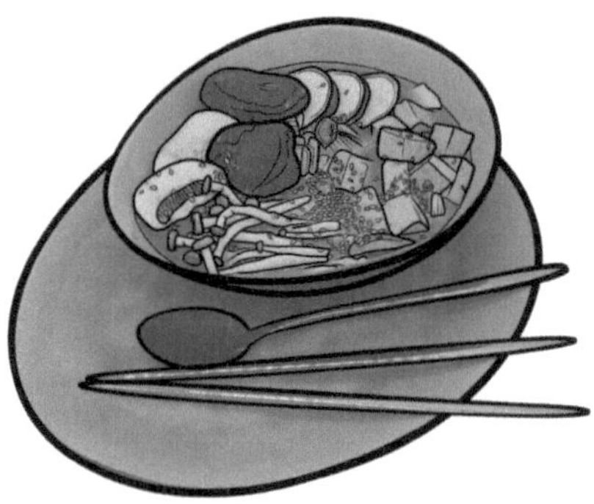

Willkommen

Vorwort

Herzlich Willkommen und vielen Dank für den Kauf dieses Buches! Deine Unterstützung ist nicht nur mir, sondern auch unserem Verlag eine enorme Hilfe, ohne den dieses Buch nie zustande gekommen wäre. Dafür ein riesengroßes DANKE!

Ebenfalls gilt mein Dank Moni, die mich professionell bei der Erstellung, Planung und Ausarbeitung des Buchs beraten und beim Kochen geholfen hat. Darüber hinaus danke ich Jill für die Beratung bei der Organisation sowie der Konzeptionierung der einzelnen Prozesse, die vor, während und nach dem Schreiben des Buchs von größter Wichtigkeit waren. Ein riesiges Dankeschön geht auch an Heiko, der viele Stunden harter, mühevoller Arbeit in den großartigen Buchsatz gesteckt hat. Ebenfalls danke ich Kayla für die wunderbaren Zeichnungen der Gerichte. Zu guter Letzt danke ich allen Testesserinnen und Testessern – allem voran Familie Münstermann – für das konstruktive und ehrliche Feedback zu den einzelnen Gerichten, das mir half den Rezepten den letzten Schliff zu geben.

Wenn Dir das Buch gefällt, würde ich mich über eine Bewertung auf Amazon freuen. Konstruktives Feedback ist natürlich ebenfalls erwünscht.

Viel Spaß beim Nachkochen, Ausprobieren und Genießen!

Über mich:

Mein Name ist Maxim, ich bin frisch aus der Uni, und habe schon immer davon geträumt, ein Buch zu schreiben und zu veröffentlichen. Da ich hobbymäßig sehr gerne koche, mich zusätzlich besonders für asiatische Küche interessiere und die koreanische meine liebste ist, kam ich zu dem Endschluss, dieses Buch zu schreiben.

Der Entstehungsprozess:

Wie der Zufall es wollte, befasste ich mich zu der Zeit interessehalber mit verschiedenen Ernährungsweisen, darunter auch die vegane, die ich schon länger im Blick hatte, jedoch noch nie genauer unter die Lupe genommen hatte. So kam eins zum anderen und mir kam der Gedanke: Wieso nicht die vegane Ernährungsweise mit der koreanischen Küche kombinieren? Vegan wollte ich schon immer gerne kochen und mich auch dementsprechend ernähren. Da ich ohnehin am liebsten koreanisch esse, bekräftigte sich meine Idee immer mehr. Ich informierte mich, besorgte Zutaten, probierte verschiedenste Rezepte aus und schrieb alles nieder. Und siehe da: Das Buch war geschaffen.

Über das Buch:

Ich habe mich von der Art und Weise der Gestaltung des Buchs an einfache, klassische Kochbücher gehalten. Das spannende jedoch an diesem Buch ist, dass manche Rezepte aufeinander aufbauen. Damit sind vor allem die Rezepte zum Einlegen von Gemüse gemeint. Um auch alle Rezepte rechtzeitig vorbereiten und effektiv nachkochen zu können, habe ich Dir eine ungefähre Zeitangabe für die Zubereitung der Gerichte beigefügt.

Die Zutatenmengen sind immer ungefähr für ein bis zwei Personen bedacht. Wenn Du für mehr Personen kochen möchtest, benutze gerne mehr, achte aber auf das Verhältnis der Zutaten! Wenn wir schon beim Thema Mengen sind: Wenn es eine Sache gibt, die ich beim Kochen nicht mag, ist es, sich konkret an das Rezept zu halten. Versteh mich nicht falsch. Mengenangaben haben ihren Sinn und Zweck, vor allem wenn man noch nicht allzu viel Erfahrung mit Kochen hat, oder um das Verhältnis zwischen den einzelnen Zutaten zu verdeutlichen. Trotzdem sind es „nur“ Angaben. Deshalb ist es ganz Dir überlassen, wie streng Du Dich an einzelne Teelöffel hältst. Aber beachte: Respektiere das Verhältnis der einzelnen Zutaten im Gericht. Sonst läufst Du Gefahr, dass es am Ende nicht schmeckt und Deine Mühe umsonst war.

Was Du natürlich variieren kannst, ist die Schärfe. In diesem Buch habe ich darauf geachtet, die Gerichte würzig-mild zu gestalten. Wenn Du es gerne schärfer magst – wie ich – ist es natürlich ebenfalls Dir überlassen, wie viel Du von den scharfen Zutaten und Gewürzen verwendest.

Die koreanische Küche:

Hier möchte ich wissenswerte Infos über die koreanische Küche mit Dir teilen, die ich während meiner Recherche aufgegriffen habe. Natürlich ist es Dir überlassen, wie traditionell Du Deine Speisen zubereitest, isst oder servierst. Betrachte dieses Kapitel als Inspiration für Dein eigenes, koreanisches, authentisches, kulinarisches Erlebnis.

Wie bei vielen anderen asiatischen Küchen ist in der koreanischen der Reis ein wichtiger Bestandteil und passt zu jedem herzhaften Gericht in diesem Buch. Üblicherweise wird jeder Person am Essenstisch eine kleine Schüssel Reis und eine Schüssel mit Suppe serviert. Letztere haben ebenfalls eine bedeutende Rolle in Korea, weshalb ich für diese ein eigenes Kapitel geschrieben habe.

Neben Suppen und Reis wird der Tisch mit mehreren Beilagen gedeckt, die man Banchan nennt. Dazu gehören meist Gemüsebeilagen, kleine Salate oder Kimchi. Diese Beilagen werden von allen Personen wie auch das Hauptgericht am Tisch geteilt.

Kimchi, der ebenfalls nicht fehlen darf und zu jeder Mahlzeit gegessen wird, ist mitunter das bekannteste Gericht Koreas. Kimchi bezeichnet eingelegtes, fermentiertes Gemüse, meint aber oft den traditionell eingelegten Chinakohl. Kimchi wird für gewöhnlich für den Winter zubereitet, da er reich an gesunden Vitaminen ist.

Hauptgerichte sind meist Eintöpfe, oder gegrillte bzw. gebratene Fleischgerichte, die ich hier mit Tofu, oder Soja-Fleisch ersetzt habe.

Die typischen Zutaten, wie Du vermutlich auch an den Rezepten bereits gesehen hast, sind Gochujang, Doenjang und die Sojasauce. Die drei bilden in vielen koreanischen Gerichten die Basis des authentischen Geschmacks. Was auch nicht fehlen darf ist Knoblauch, Ingwer, Chili, Sesam und Sesamöl. Genauso spielt Tofu in der üblichen koreanischen Küche eine große Rolle. Reiswein wird ebenfalls verwendet, kann hier aber auch ausgelassen werden, wenn Du aus persönlicher Überzeugung kein Alkohol zu Dir nimmst.

Gegessen wird in Korea mit Essstäbchen und Löffel, wobei sich erstere von anderen asiatischen Essstäbchen unterscheiden. Die koreanischen bestehen nicht aus Holz, sondern aus Metall und sind eher oval und besitzen glatte Oberflächen. Durch diese einzigartige Form der Stäbchen ist es für Stäbchenanfänger schwerer, mit ihnen zu essen, als mit japanischen, oder chinesischen Essstäbchen. Dennoch glaube ich daran, dass Du es mit etwas Geduld und Übung schnell lernen wirst.

Zu den Zutaten:

Vielleicht hast Du schon durchgeblättert und gemerkt, dass Du von manchen Zutaten, die hier vorkommen, noch nie gehört hast, bzw. Dir nichts darunter vorstellen kannst. Das macht nichts, denn dafür ist dieses Unterkapitel gedacht, indem ich Dir etwas mehr über die einzelnen „exotischen" Zutaten erzähle.

Asiatische Aubergine:

Mit asiatischen Auberginen meine ich hier eine schlankere Variante der in Europa bekannten Aubergine. Die asiatische Variante, auch „Malaysian Dark Red" genannt, ist heller, was ihre violette Schale betrifft und um einiges länglicher. Sie gleicht einer großem, lila Chili-Schote, wenn man es umschreiben sollte. Der Unterschied zur „dicken" Aubergine besteht darin, dass die dünnere weniger bitter schmeckt.

Wenn es sie nicht im Asia-Markt in deiner Nähe geben sollte, kannst Du natürlich auch die gewohnte, dunklere Aubergine verwenden.

Azukibohnenpaste:

Diese Paste ist meist in Dosen in größeren Asia-Läden erhältlich. Sie wird auch „Sweet Red Bean Paste", also süße, rote Bohnenpaste genannt und besteht, wie der Name bereits vermuten lässt, aus roten Bohnen, den Azukibohnen. Darüber hinaus passt sie sehr gut zu Desserts.

Chunjang:

Auch Jjajang, oder Tianmian-Sauce genannt ist eine schwarze, süße Paste aus fermentierten Bohnen.

Erhältlich ist sie in Asia-Märkten.

Doenjang:

Doenjang ist so gesehen das koreanische Äquivalent zur japanischen Miso-Paste. Es besteht aus fermentierten Sojabohnen und wird in Suppen und Eintöpfen gerne verwendet. Im Vergleich zur Miso-Paste ist Doenjang um einiges würziger und intensiver.

Zu kaufen gibt es diese Paste in koreanischen Shops und in Asia-Märkten.

Gochujang:

Gochujang ist eine scharfe, fermentierte Gewürzpaste aus hauptsächlich Chili und Sojabohnenmehl. Sie wird in vielen Suppen, Eintöpfen, Marinaden und Saucen verwendet.

Erhältlich ist auch diese Paste in koreanischen Shops oder Asia-Märkten.

Knoblauchgrün:

Eine eher selten gesehene Zutat, die ebenfalls nach Nachfrage in einem lokalen Asia-Laden zu finden war.

Mit Knoblauchgrün meint man die grünen, blättrigen Stängel der Knoblauchpflanze. Es ähnelt ein wenig Frühlingszwiebeln und hat im Gegensatz zu der Knoblauchzehe ein milderes Aroma.

Kombu:

Der essbare Seetang wird auch Konbu, oder Dasima genannt. Er ist deutlich dicker und um einiges härter als Nori, weshalb er eher in Suppen verwendet wird, oder vorher eingeweicht werden muss. Er gibt ein sehr einzigartiges Aroma ab, weshalb er auch teilweise nur zum Würzen von Brühe benutzt wird.

Kombu gibt es normalerweise in jedem größeren Asia-Laden.

Mock-Chicken:

Diese Zutat findet ihr ebenfalls in größeren Asia-Märkten. Mock-Chicken ist ein Fleischersatz aus Weizengluten und Sojasauce und ist in Dosen erhältlich. Seine Textur ähnelt sehr stark der von Enten- oder Hähnchenfleisch, ist aber völlig vegan.

Falls Du Schwierigkeiten haben solltest an Mock-Chicken zu kommen, kannst Du auch einfach Soja-Geschnetzeltes verwenden, das Du vorher aber einweichen musst.

Nori-Blätter:

Nori-Blätter sind getrocknete und geröstete Algenblätter, die man meistens für Sushi-Rollen verwendet. Sie können auch als Topping in Suppen genutzt werden, indem man kleine Rechtecke aus ihnen schneidet. Achte darauf, dass Du die Nori-Blätter kühl und – am aller wichtigsten – trocken lagerst.

Nori-Blättert findest Du teilweise in den üblichen, großen Supermärkten in der Asia-Theke, oder auch im Asia-Markt.

Andere Bezeichnungen für Nori sind Gim oder Zicai.

Nudeln:

Nudeln habe ich viele verschiedene in den Rezepten erwähnt, weshalb ich hier kurz und knapp die Unterschiede erkläre.

Somyeon- oder auch Somen-Nudeln sind sehr feine, lange, handgezogene Fadennudeln aus Weizenmehl.

Udon-Nudeln hingegen sind um einiges dicker und breiter.

Ramen-Nudeln sind die wohl bekannteste Art von asiatischen Nudeln. Bei diesen musst Du besonders darauf achten, dass Du eine vegane Variante erwischst, da sie häufig Ei enthalten.

Die verschiedenen Nudelsorten findest Du in größeren Asia-Shops. Falls Du Schwierigkeiten haben solltest, sie zu besorgen, kannst Du auch asiatische Fertig-Nudeln benutzen, falls Du es nicht allzu eng mit der Authentizität siehst.

Perilla-Blätter:

Perilla-Blätter sind eher schwer zu bekommen, allerdings kannst Du trotzdem bei Deinen Asia-Shops in der Nähe nachfragen. Sie werden auch als Shiso, Egoma, Sesamblatt, oder auf Koreanisch Kkaennip bezeichnet.

Ihre Form ähnelt Brennnessel-Blättern, schmeckt leicht nach Minze und passt besonders gut zu Reis und Gemüse.

Reis:

Es gibt unzählige Methoden, wie man Reis zubereiten kann. Ich habe viele verschiedene ausprobiert, doch nur eine einzige war für mich die perfekte Methode, mit der ich so gut wie immer fluffigen, leckeren Reis bekommen habe.

Wenn ich Reis koche, koche ich immer zwei Portionen für jeweils eine Person, oder für mich selbst für zwei Mahlzeiten. Dafür nehme ich eine einfache Teetasse, die ich mit dem Reis meiner Wahl fülle. Ich benutze sehr gern Basmati- oder Jasminreis. Genauso hat es bis jetzt immer mit Spitzkorn-/Sushi-Reis funktioniert. Ich merke mir die Füllhöhe des Reises in der Tasse und gebe ihn dann in ein Sieb. Danach wasche ich den Reis im Sieb unter kaltem Wasser ordentlich durch, bis die Reiskörner keine, oder kaum noch Stärke abgeben, was etwa zwei bis drei Minuten in Anspruch nehmen kann. Dann lasse ich den Reis abtropfen.

Nun nehme ich dieselbe Tasse, die ich für den Reis benutzt habe und fülle sie exakt bis zur selben Höhe mit Wasser. Dann gebe ich das Wasser in einen Topf und fülle erneut die Tasse mit Wasser, achte aber darauf, dass ich diesmal etwas weniger Wasser hinzufüge als zuvor und gebe es dann ebenfalls in den Topf.

Einfach gesagt, benutze ich die Tasse als eine Art Messbecher, um das ungefähre Verhältnis von Wasser zu Reis zu bekommen. Dieses ist bei den meisten Reissorten 2:1, also zwei Portionen Wasser auf eine Portion Reis. Der Grund, wieso ich weniger Wasser bei der zweiten Tasse verwende, liegt an dem Reis, den ich vorher gewaschen habe und der so ebenfalls Wasser mit sich trägt. Immerhin soll der Reis nicht matschig werden, oder am Boden des Topfes noch Wasser überbleiben, das man dann abgießen muss.

Als nächstes gebe ich den Reis in den Topf. Eine Prise Salz, Deckel drauf und Hitze aufdrehen. Wenn das Wasser langsam zu brodeln beginnt, drehe ich die Hitze auf die niedrigste Stufe und lasse das Wasser etwa zehn Minuten köcheln. Das Wichtigste hierbei ist, den Deckel nicht abzuheben, während der Reis am Kochen ist, weshalb ich sehr gerne Topfdeckel mit Glas benutze, um den Reis im Auge behalten zu können. Über die Zeit wird der Reis das Wasser allmählich aufsaugen. wenn nur noch sehr wenig davon im Topf über ist, drehe ich die Hitze runter und lasse ihn für ein paar Minuten auf der Herdplatte stehen. Wenn dann auch das letzte bisschen Wasser aufgesaugt worden ist, nehme ich den Topf vom Herd und lasse ihn weitere fünf Minuten ruhen.

Zum Schluss noch einmal umrühren und fertig ist der Reis. Natürlich geht es mit einem Reiskocher womöglich einfacher, aber da ich keinen habe, hat sich diese Methode bis jetzt sehr gut für mich bewährt. Probiere es gerne selbst aus!

Reiskuchen:

Diese zylinderförmigen, weißen, harten Reiskuchen, auch Tteok genannt, findet man in der Kühltheke in größeren Asia-Läden.

Seidentofu:

Der einzige Unterschied zum normalen Tofu, den man mittlerweile in jedem Supermarkt findet, ist die viel weichere Konsistenz. Seidentofu bricht sehr leicht auseinander und ist eher gummiartig.

Zu finden ist Seidentofu in größeren Asia-Shops.

Teigtaschenblätter:

Diese runden, kleinen Maultaschen-Blätter findest Du in der TK-Abteilung in Asia-Shops. Sie werden auch Mandu-Blätter oder Mandu-Skin genannt. „Mandu“ steht für Teig- oder Maultaschen. Achte beim Kochen mit den Blättern darauf, dass sie vorher aufgetaut werden müssen.

Wakame-Algen:

Wakame-Algen findest Du in eher größeren Asia-Shops und Märkten. Die Algen sind getrocknet und wirken auf den ersten Blick eher winzig, können sich jedoch mindestens verdreifachen, wenn man sie in Wasser einlegt, weshalb ich in den Rezepten eher geringere Mengen davon verwendet habe.

Eingelegtes & Saucen
피클 및 소스

Veganer traditioneller Kimchi

Zubereitungsdauer: 40 Minuten + 3 Stunden einweichen + 1 Tag ruhen lassen

Zutaten:

- 1 kg Chinakohl, Strunk entfernt, geviertelt und in Mundgerechte Stücke geschnitten[1]
- 100 g Rettich, geraspelt
- 2 Knoblauchzehen, geschält
- 1 daumengroßes Stück Ingwer
- 2 Frühlingszwiebeln, längs halbiert und quer in 4 Stücke geschnitten
- 1 Kaki oder Mango, überreift und ohne Schale
- 20 g Chiliflocken
- 1 El. gerösteter Sesam
- Reichlich Salz zum Einlegen

Für das Reismehl-Porridge:

- 200 ml Wasser
- 2 getrocknete Shiitake-Pilze
- ½ Kombu-Blatt
- 1 El. Reismehl

Zubereitung:

1. Feuchte den Chinakohl mit Wasser an und lass ihn abtropfen. In eine große Schüssel gibst Du nun eine Handvoll Kohl (oder ein paar Blätter) und bestreust ihn mit einem gehäuften El. Salz. Dann gibst Du erneut eine Handvoll Kohl und Salz hinzu. Das wiederholst Du so lange, bis der gesamte Kohl in der Schüssel liegt und Du mehrere Schichten Kohl und Salz hast.

2. Lass den Kohl nun 3 Stunden ruhen, mische ihn aber jede Stunde durch, damit das Salz sich gut verteilen kann.

[1] Du kannst auch ganze Blätter verwenden. Tipp: ganze Kimchi-Blätter werden übrigens auf Seite 87 für die Kimchi-Reisröllchen gebraucht.

3. Währenddessen kannst Du das Reismehl-Porridge vorbereiten: Gib das Wasser, das Kombu-Blatt und die Shiitake-Pilze in einen Topf und bringe sie zum Kochen. Stelle die Hitze auf mittlere Stu fe und entferne dann das Kombu-Blatt. Lass die Brühe noch ca. 10 Minuten köcheln. Entferne dann die Pilze und dreh den Herd auf die niedrigste Stufe. Gib nun das Reis mehl hinzu und koche es unter ständigem Rühren weitere 5 Mi nuten. Lass das fertige Porridge im Kühlschrank komplett abküh len.

4. Mittlerweile sollte der Kohl weich geworden sein und Flüssigkeit abgegeben haben. Wasche nun den Kohl mehrere Male ordent lich mit Wasser durch und lasse ihn anschließend ca. 1 Stunde im Sieb abtropfen.

5. In der Zwischenzeit kannst Du die Sauce zum Einlegen zuberei ten:
   Dafür pürierst Du die Knoblauchzehen, den Ingwer, die überreife Kaki oder Mango, 1 Tl. Salz und das Reismehl-Porridge, das Du bereits vorbereitet hast.

6. Gib die pürierte Sauce in eine Schüssel mit den Chiliflocken, dem Rettich und den Frühlingszwiebeln. Mische alles ordentlich durch. Gib dann den abgetropften Kohl hinzu und vermische alles erneut durch. Zum Schluss den gerösteten Sesam hinzugeben und wie der umrühren.

7. Lege nun den Kimchi in ein größeres Einmachglas ein. Lass beim Einlegen oben ca. 2-3 Zentimeter frei, da sich der Kimchi beim Fermentieren aufbläht. Ordentlich verschließen. Der Kimchi sollte mindestens einen Tag bei Raumtemperatur ruhen. Er hält sich danach mindestens einen Monat im Kühlschrank.

Vegane Fischsauce

Zubereitungsdauer: 35 Minuten

Zutaten:

- 1 Nori-Blatt
- 400 ml Wasser
- 3 El. Sojasauce
- 1 Tl. Agavendicksaft
- 1 Tl. Doenjang
- 1 Prise Pfeffer

Zubereitung:

1. Das Nori-Blatt brichst Du in kleine Stücke und kochst es im Was ser in einem kleinen Topf auf. Reduziere dann die Hitze und lass es 10 Minuten leicht köcheln.

2. Gib nun den Rest der Zutaten hinzu und lass alles weitere 5 Minuten köcheln.

3. Schütte den Sud durch ein Sieb in einen weiteren Topf und lass ihn erneut ca. 15 Minuten bei niedriger Hitze köcheln. Im An schluss lässt Du die Sauce abkühlen, wonach Du sie direkt ver wenden kannst.

Eingelegter Knoblauch (Maneul Jangajji)

Zubereitungsdauer: 15 Minuten + 3 Wochen ruhen lassen

Zutaten:

- 2 Knollen Knoblauch, also ca. 24 Zehen, geschält

Für den Essigaufguss:

- 80 ml Reisessig
- 80 ml Wasser
- 1 Tl. Salz

Für den Soja-Aufguss:

- 60 ml Sojasauce
- 80 ml Wasser
- 30 ml Essig
- 1 El. Zucker

Zubereitung:

1. Lege die geschälten Knoblauchzehen in ein Einmachglas. Mische die Zutaten für den Essigaufguss zusammen, bis das Salz aufgelöst ist. Gib den Essigaufguss nun in das volle Einmachglas, bis alle Knoblauchzehen vollständig mit dem Aufguss bedeckt sind.

2. Verschließe das Einmachglas und stelle es für 7-10 Tage bei Zim mertemperatur an einen dunklen Ort. Keine Sorge, wenn der Knoblauch sich eigenartig verfärbt. Das gehört zum Fermentierungsprozess und ist vollkommen natürlich und ungefährlich.

3. Nachdem der Knoblauch lang genug stand, lässt Du die Essigbrühe aus dem Glas abfließen. In einem kleinen Topf bringst Du die Sojasauce, das Wasser und den Zucker zum Köcheln. Stelle die Hitze ab und gib den Essig hinzu. Schütte nun vorsichtig den heißen Soja-Aufguss in das Einmachglas, bis erneut alle Knob lauch zehen damit bedeckt sind.

4. Verschließe das Glas wieder und stelle es an einen dunklen Ort. Lass es dort bei Zimmertemperatur für weitere 2 Wochen ruhen. Nach dem Öffnen hält der Knoblauch mehrere Monate und sollte im Kühlschrank aufbewahrt werden.

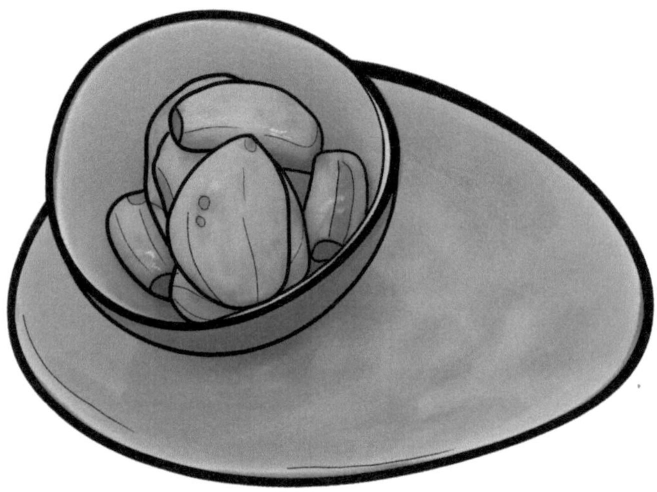

Rettich-Kimchi (Kkakdugi)

Zubereitungsdauer: 45 Minuten

Zutaten:

- 500 g Rettich, in Würfel geschnitten
- 1 Frühlingszwiebel, in Ringe geschnitten
- 1 Knoblauchzehe, klein gehackt
- 1 Tl. Ingwer, fein gehackt
- 1 El. Salz
- 1 El. Zucker
- 2 El. Vegane Fisch-Sauce
- 10 g Chiliflocken

Zubereitung:

1. Gib die Rettich-Würfel mit Zucker und Salz in eine große Schüssel und rühre alles ordentlich durch.

2. Stelle die Schüssel für ca. 30 Minuten beiseite.

3. Gieße nun den Saft, der sich in der Schüssel gebildet hat, in eine kleine Schüssel. Den brauchen wir später noch!

4. Nun fügst Du die restlichen Zutaten zu dem Rettich hinzu und mischst diese erneut ordentlich durch, bis der gesamte Rettich mit den Gewürzen eingedeckt ist.

5. Anschließend füllst Du ein Einmachglas, indem Du die einzelnen Rettich-Würfel mit einem Löffel nach unten ins Glas presst, um so wenig Luft wie möglich im Glas zu lassen, bis das Glas bis oben hin voll ist.

6. Der Rettich-Kimchi ist nun bereit, gegessen zu werden, wird aber besser, je länger Du ihn verschlossen im Kühlschrank oder einige Tage bei Zimmertemperatur stehen lässt.

Gurken-Kimchi (Oi-Kimchi)

Zubereitungsdauer: 30 Minuten + 1 Tag ruhen lassen

Zutaten:

- 100g Gurken, in dicke, kurze Stifte geschnitten
- ½ El. Salz
- 1 El. Chiliflocken
- 1 kleine Knoblauchzehe, gehackt
- ½ El. Apfel oder Birne, gerieben
- ½ El. Zucker
- 1 Tl. Vegane Fisch-Sauce
- ½ Tl. Ingwer, gehackt

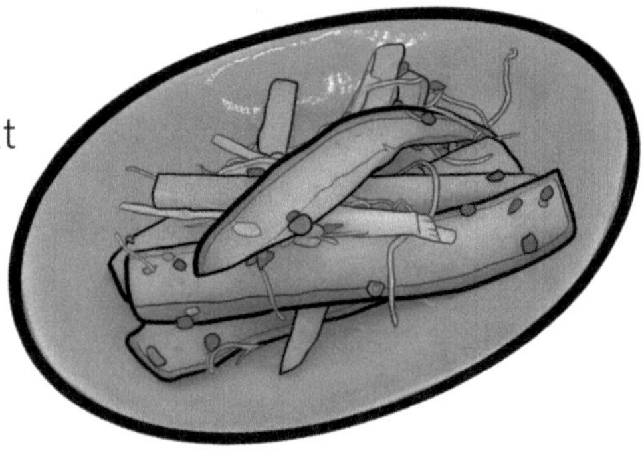

Zubereitung:

1. Zuerst gibst du die geschnittenen Gurken in eine Schüssel und bestreust sie mit Salz. Mische die Gurken leicht durch, damit sich das Salz ordentlich verteilt. Lasse nun die Gurken für ca. 20 Minuten ruhen.

2. Die restlichen Zutaten vermengst du währenddessen in einer anderen Schüssel.

3. Gieße das Wasser von den Gurken ab und füge sie der Kimchi-Sauce hinzu, die du zuvor angerührt hast. Mische alles ordentlich durch, sodass die Gurken vollständig von der Sauce bedeckt sind.

4. Lege den Gurken-Kimchi nun in ein Einmachglas ein und ver schließe es ordentlich. Das Glas kannst du 1 Tag lang bei Zim mertemperatur stehen lassen, sollte aber spätestens dann in den Kühlschrank.

Zwiebel-Kimchi (Yangpa Kimchi)

Zubereitungsdauer: 30 Minuten + 1 Stunde ruhen lassen

Zutaten:

- 600g Zwiebeln, achteln
- 2 El. Salz
- 1 El. Essig
- 250ml Wasser für die Zwiebeln + 120ml Wasser für das Mehl
- 1 Frühlingszwiebel, in Ringe geschnitten
- 10g Chiliflocken
- 3 El. Vegane Fisch-Sauce
- 1 El. Reismehl oder Mehl
- 1 El. Zucker

Zubereitung:

1. Löse das Salz und den Essig im Wasser in einer größeren Schüs sel auf und gib dann die Zwiebeln hinzu. Die Zwiebeln müssen nun 1 Stunde ruhen, wobei du nach 30 Minuten die Zwiebeln ein mal umrühren musst, damit das Salzwasser sich gut verteilen kann.

2. In der Zwischenzeit rührst du das Mehl in einem kleinen Topf zusammen mit dem Wasser über niedriger Hitze auf dem Herd an. Köchel die Mehl-Wasser-Mischung unter ständigem Rühren so lange, bis du eine dickflüssige Paste hast.

3. Gib nun die Paste in eine Schüssel mit den restlichen Zutaten und vermenge alles miteinander.

4. Wenn die Zwiebeln fertig sind, gießt du das Wasser ab und wäscht die Zwiebeln kurz ab. Lass sie danach ordentlich abtrop fen.

5. Gib die Zwiebeln zu deiner Sauce und mische alles ordentlich durch, sodass die Zwiebeln komplett bedeckt sind.

6. Ab diesem Zeitpunkt kannst du den Zwiebel-Kimchi bereits es sen, kannst aber auch im Einmachglas einlegen und erst 1 Tag bei Zimmertemperatur stehen lassen. Danach sollte er im Kühl schrank aufbewahrt werden.

Eingelegter Rettich

Zubereitungsdauer: 40 Minuten + über Nacht ruhen lassen

Zutaten:

- 200g Rettich, in Stifte geschnitten
- ½ El. Salz für den Rettich + ½ El. Für die Brühe
- ½ Tl. Kurkuma-Pulver
- 50g Zucker
- 400ml Wasser
- 150ml Reisessig

Zubereitung:

1. Gib den Rettich in eine Schüssel mit Salz. Misch alles ordentlich durch und lass den Rettich ca. 30 Minuten ruhen.

2. In einem kleinen Topf mischst du das Salz, Kurkuma-Pulver, Wasser und den Zucker zusammen und bringst alles zum Ko chen. Rühre währenddessen so lange, bis der Zucker aufgelöst ist. Stelle im Anschluss den Herd ab und gib den Reisessig hinzu.

3. Nachdem der Rettich ruhen konnte, gießt du nun das Wasser aus der Schüssel ab und drückst den Rettich mit der Hand vorsichtig aus.

4. Den Rettich legst du nun in ein Einmachglas oder anderen Glas behälter deiner Wahl ein und übergießt ihn mit der Brühe. Lass alles etwas abkühlen, bis du das Glas verschließt und stelle es anschließend über Nacht in den Kühlschrank.

Eingelegte Perilla-Blätter (Kkaennip Jangajji)

Zubereitungsdauer: 30 Minuten + über Nacht ruhen lassen

Zutaten:

- 1 Bund Perilla-Blätter (ca. 16 Blätter)
- 6 El. Sojasauce
- 1 Tl. Chiliflocken
- 1 Knoblauchzehe, gehackt
- 2 El. Brauner Zucker
- ½ Frühlingszwiebel, in feine Ringe
- 1 El. Chilischote, gehackt

Zubereitung:

1. Wasche zuerst die Perilla-Blätter in einem Sieb und lass sie ab trocknen.

2. In der Zwischenzeit mischst du alle restlichen Zutaten in einer Schüssel zusammen.

3. Wenn die Blätter halbwegs trocken sind, schüttest du erst 1 Tl. der angerührten Sauce in einen Glasbehälter, wie z. B. ein Einmachglas. Dann legst du 1-3 Blätter ins Glas und schüttest erneut 1 Tl. drüber. Diese Schritte wiederholst du so lange, bis du mehrere Schichten Blätter und Sauce hast.

4. Es sollte am Ende noch etwas Sauce übrigbleiben, die du dann obendrauf gießt und den Behälter fest verschließt. Stelle ihn über Nacht in den Kühlschrank.

Beilagen (Banchan)
반찬

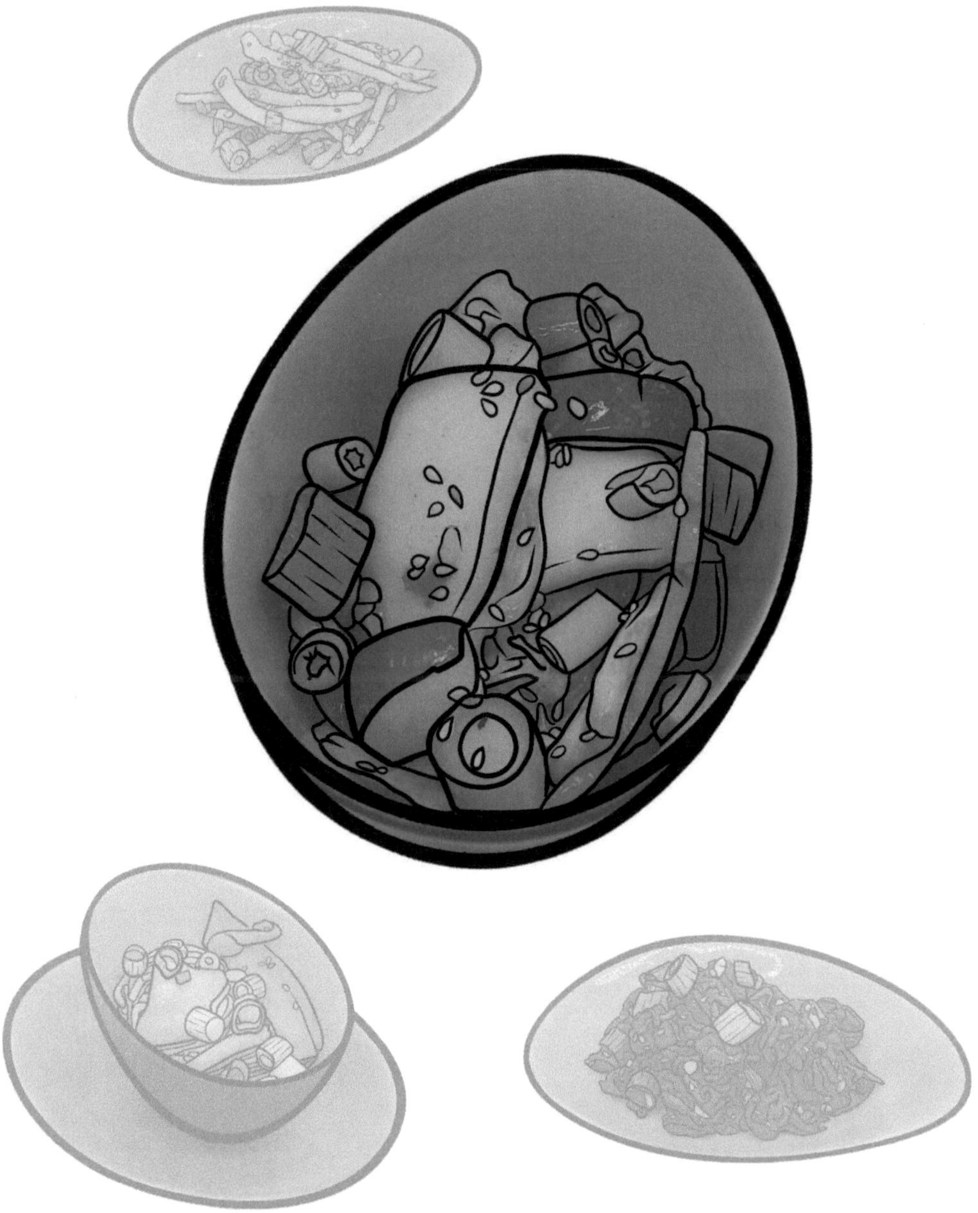

Karottensalat auf koreanische Art

Zubereitungsdauer: 30 Minuten + über Nacht ruhen lassen

Zutaten:

- 250g Karotten, in dünne Streifen gerieben oder geschnitten
- ½ Zwiebel, in Ringe geschnitten
- 1 Knoblauchzehe, gepresst
- ½ Tl. Korianderpulver
- ½ Tl. Pfeffer
- ½ Tl. Cayennepfeffer
- ½ El. Zucker
- 1 El. Sojasauce
- ½ El. Essig-Essenz (25%)
- 15ml Öl
- 1 Prise Salz

Zubereitung:

1. Zuerst salzt du die Karotten in einer großen, hitzebeständigen Schüssel (idealerweise aus Glas) und knetest sie mit den Händen durch.

2. Gib nun alle Zutaten, bis auf das Öl und die Zwiebel zu den Karotten hinzu und vermische alles miteinander.

3. In einer kleinen Pfanne erhitzt du das Öl und brätst die Zwiebeln an, bis diese gold-braun werden.

4. Nun kippst du den gesamten Pfanneninhalt über die Möhren in deine Schüssel und rührst alles nochmal ordentlich durch.

5. Lass den Salat am besten über Nacht im Kühlschrank stehen, bevor du ihn servierst.

Scharfer Gurkensalat (Oi Muchim)

Zubereitungsdauer: 10 Minuten + 20 Minuten ruhen lassen

Zutaten:

- 1 Salatgurke, in 5cm lange Streifen geschnitten
- ½ Tl. Zucker
- 1 Prise Salz
- ½ Tl. Chiliflocken
- 1 Tl. Geröstetes Sesamöl
- 1 Tl. Sojasauce
- 1 Tl. Reisessig
- 1 Prise gerösteter Sesam

Zubereitung:

1. Gib alle Zutaten in eine Schüssel und mische alles ordentlich miteinander durch.

2. Lass den Salat ca. 20 Minuten im Kühlschrank ruhen, bevor du ihn servierst.

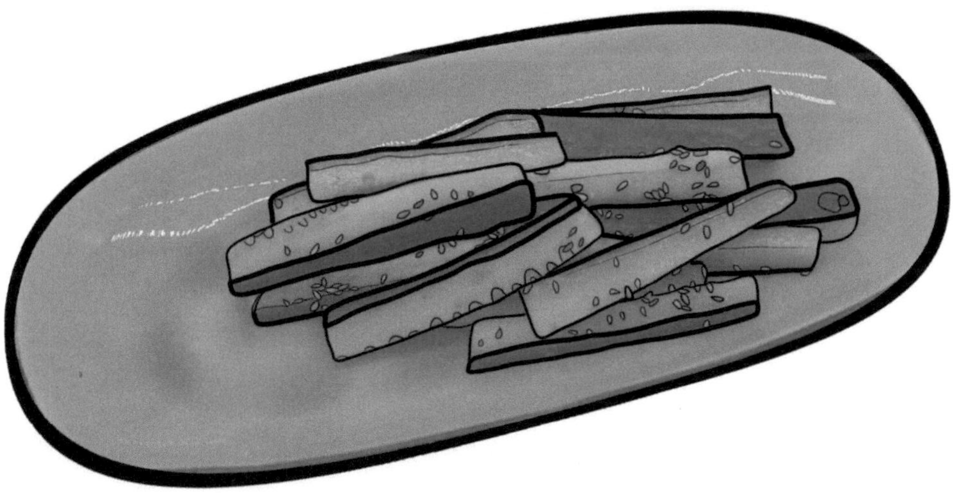

Spinat-Salat (Sigeumchi Namul)

Zubereitungsdauer: 10 Minuten + 10 Minuten ruhen lassen

Zutaten:

- 200g Spinat
- 1 Frühlingszwiebel,
- 2 Tl. Sojasauce
- 2 Tl. Gochujang (kann auch ausgelassen werden, wenn du es eher milder magst)
- 1 Knoblauchzehe, gehackt
- ½ Tl. Zucker
- 1 Tl. Geröstetes Sesamöl
- 1 Tl. Gerösteter Sesam

Zubereitung:

1. Wasche den Spinat vorher gründlich durch. Währenddessen setze einen Topf Wasser mit einer Prise Salz auf und bring es zum Kochen. Stell dir auch eine große Schüssel mit kaltem Wasser be reit.

2. Nachdem das Wasser aufgekocht ist, gibst du den Spinat für ge rade mal 20 bis 30 Sekunden hinein und schreckst ihn danach sofort in der Schüssel mit kaltem Wasser ab.

3. Lass den Spinat austropfen. Hilf mit deinen Händen nach, indem du den Spinat vorsichtig ausquetschst. Schneide das zerdrückte Bündel in 3 Teile und gib sie in eine Schüssel.

4. Vermenge die restlichen Zutaten in der Schüssel mit dem Spinat. Lass den Salat etwa 10 Minuten ruhen, damit die Aromen sich gut verteilen.

Paprikasalat mit Gochujang (Paprika Gochujang Muchim)

Zubereitungsdauer: 15 Minuten

Zutaten:

- ½ rote Paprika, in Streifen geschnitten
- ½ gelbe Paprika, in Streifen geschnitten
- 1 Frühlingszwiebel, in Ringe geschnitten
- 1 Knoblauchzehe, gehackt
- ½ El. Gochujang
- ½ El. Zucker
- 1 Tl. Gerösteter Sesam

Zubereitung:

1. Vermenge lediglich alle Zutaten in einer Schüssel miteinander.

Koreanischer Rettich-Salat (Musaengchae)

Zubereitungsdauer: 20 Minuten + über Nacht ruhen lassen

Zutaten:

- 150g Rettich, in dünne Stifte gerieben oder geschnitten
- ½ Tl. Salz
- ½ Karotte, in dünne Stifte gerieben oder geschnitten
- 1 Knoblauchzehe, gepresst
- ½ Tl. Ingwer, gerieben
- 1 El. Zucker
- ½ El. Apfelessig
- ½ El. Chiliflocken
- 1 Schuss geröstetes Sesamöl
- 1 Prise gerösteter Sesam

Zubereitung:

1. Vermenge den Rettich mit dem Salz in einer Schüssel und lasse ihn ca. 15 Minuten ruhen.

2. Daraufhin gießt du die Flüssigkeit, die sich in der Schüssel gebildet hat, ab und mischt die restlichen Zutaten zum Rettich.

3. Lass den Salat am besten über Nacht im Kühlschrank ziehen.

Sojabohnensprossen-Salat (Kongnamul Muchim)

Zubereitungsdauer: 20 Minuten

Zutaten:

- 150g Sojabohnensprossen
- ½ Frühlingszwiebel, in feine Ringe geschnitten
- 1 Knoblauchzehe, gehackt
- 1 Tl. Chiliflocken
- 1 Tl. Sojasauce
- 1 Tl. Geröstetes Sesamöl
- 1 Tl. Gerösteter Sesam
- 1 Prise Salz
- 1 Prise Pfeffer

Zubereitung:

1. Wasche zunächst die Sojabohnensprossen mit kaltem Wasser ab und entferne alle faulen Bohnen oder Haut. Gib die Sprossen dann in einen Topf mit Wasser. Setze den Deckel drauf und bring den Topf zum Kochen. Lass die Sprossen, nachdem das Wasser aufgekocht ist, 3 bis 4 Minuten köcheln.

2. Danach gießt du das heiße Wasser ab und schreckst die Spros sen mit kaltem Wasser ab. Lass sie daraufhin abtropfen.

3. Vermenge die restlichen Zutaten mit den Sprossen in einer Schüssel. Schmecke den Salat mit Salz und Pfeffer ab.

Schneller Kimchi-Salat (Baechu Geotjeori)

Zubereitungsdauer: 40 Minuten

Zutaten:

- 200g Chinakohl, in mundgerechte Stücke geschnitten
- 10g salz
- 50ml Gemüsebrühe
- ½ El. Speisestärke
- ½ El. Zucker
- ½ Zwiebel
- 1 Knoblauchzehe
- 1 daumengroßes Stück Ingwer
- ½ kleine Birne, entkernt
- 1 Tl. Chiliflocken
- ½ El. Gochujang
- 1 El. Vegane Fischsauce
- 50g Rettich, in feine Stifte gerieben oder geschnitten
- ½ Karotte, in feine Stifte gerieben oder geschnitten
- 1 Frühlingszwiebel, in Ringe geschnitten
- 1 Prise gerösteter Sesam
- Einige Tropfen geröstetes Sesamöl

Zubereitung:

1. Wasche den Chinakohl und lass ihn dann abtropfen. Gib ihn in eine Schüssel, bestreu ihn mit Salz und mische ihn gründlich durch. Lass ihn ca. 30 Minuten ruhen.

2. Gib in der Zwischenzeit die Gemüsebrühe und die Stärke in einen kleinen Topf und lass beides unter ständigem Rühren köcheln, bis sich die Brühe verdickt. Im Anschluss nimmst du den Topf vom Herd und rührst den Zucker mit ein.

3. Während der Topf mit der Brühe abkühlt, pürierst du die Zwiebel, den Knoblauch, Ingwer und die Birne. Nun gibst du die Sauce in

eine Schüssel mit Chiliflocken, Gochujang, veganer Fischsauce, der Brühe, Frühlingszwiebeln, dem Rettich und den Karotten. Verrühre alles miteinander.

4. Wasche den Chinakohl aus und gib ihn, nachdem er abgetropft ist, in die Schüssel. Knete alles ordentlich durch.

5. Zu guter Letzt gibst du den Sesam und das Sesamöl hinzu und vermischt erneut alles miteinander.

Scharfer Knoblauchgrün-Salat (Maneuljjong Muchim)

Zubereitungsdauer: 20 Minuten

Zutaten:

- 100g Knoblauchgrün, in ca. 4cm lange Stücke geschnitten und die Spitzen und harten Enden entfernt
- 1 El. Sojasauce
- 1 El. Gochujang
- 1 Tl. Chiliflocken
- 1 Tl. Zucker
- 1 Tl. Geröstetes Sesamöl
- 1 Tl. Gerösteter Sesam
- 1 Tl. Essig

Zubereitung:

1. Bring einen kleinen Topf mit Wasser und einer Prise Salz zum Kochen. Gib dann das Knoblauchgrün hinzu und lass es etwa 30 Sekunden Kochen. Gieße dann schnell das Wasser aus dem Topf ab und schreck das Knoblauchgrün mit kaltem Wasser ab. Lass es abtropfen.

2. In einer kleinen Schüssel mischst du die restlichen Zutaten zusammen. Gib dann das Knoblauchgrün hinzu und vermenge alles miteinander.

Gedämpfte Aubergine (Gaji Muchim)

Zubereitungsdauer: 20 Minuten

Zutaten:

- ½ Aubergine oder 1 ganze asiatische Aubergine, in mundgerechte Stücke geschnitten
- ½ Tasse Wasser
- 1 Knoblauchzehe, fein gehackt
- 1 Frühlingszwiebel, in feine Streifen geschnitten
- 1 El. Sojasauce
- 1 El. Vegane Fischsauce
- 1 Tl. Chiliflocken
- 1 Tl. Geröstetes Sesamöl
- 1 Tl. Gerösteter Sesam

Zubereitung:

1. Gib das Wasser in eine erhitzte Pfanne und lass es aufkochen. Gib dann die Aubergine hinzu und setze einen Deckel drauf. Lass die Aubergine bei hoher Hitze knapp 5 Minuten dampfen. Achte darauf, dass das Wasser nicht komplett verdampft und die Aubergine nicht anbrennt.

2. Die gedämpfte Aubergine gibst du anschließend mit den restlichen Zutaten in eine Schüssel und verrührst alles miteinander.

Schmorkartoffeln (Gamja Jorim)

Zubereitungsdauer: 30 Minuten

Zutaten:

- 200g Kartoffeln, in Würfel geschnitten
- 1 Knoblauchzehe, fein gehackt
- 1 Prise Pfeffer
- 2 El. Wasser
- 2 El. Sojasauce
- 1 El. Reiswein
- 1 Tl. Zucker
- ½ Tl. Geröstetes Sesamöl
- 1 Tl. Gerösteter Sesam

Zubereitung:

1. Erhitze eine Pfanne mit etwas Öl und gib dann die Kartoffeln hinzu. Brate sie so lange an, bis sie gold-braun werden.

2. In einer kleinen Schüssel rührst du währenddessen die restlichen Zutaten zusammen und gibst die Sauce über die Kartoffeln wenn sie fertig sind.

3. Rühr alles ordentlich durch und lass die Kartoffeln mit der Sauce knapp 5 Minuten Kochen, bis du sie vom Herd nimmst.

Geschmorte Lotuswurzeln (Yeon-Geun Jorim)

Zubereitungsdauer: 40 Minuten

Zutaten:

- 100g Lotuswurzeln, in Scheiben geschnitten
- ½ El. Reisessig
- ½ El. gerösteter Sesam

Zum Schmoren:

- ½ Tasse Wasser
- 1 El. Sojasauce
- 1 El. Reiswein
- 1 El. Zucker
- ½. El. geröstetes Sesamöl
- 1 El. Ahornsirup

Zubereitung:

1. Gib die Lotuswurzeln mit dem Essig in einen Topf mit Wasser und bring es zum Kochen. Lass die Lotuswurzeln etwa 10 Minuten, zugedeckt köcheln. Gieß dann das Wasser ab und spül die Wurzeln mit kaltem Wasser durch.

2. Die Wurzeln gibst du wieder in den leeren Topf. Füge Wasser, Soasauce, Reiswein, Zucker und Öl hinein und lass alles aufkochen für etwa 10 Minuten, bis die Flüssigkeit reduziert ist. Wende dabei die Wurzeln ständig.

3. Gib zum Schluss Ahornsirup hinzu und lass alles weitere 4 Minu ten köcheln. Mische alles ordentlich durch damit nichts anbrennt. Nimm die Wurzeln vom Herd und bestreu sie mit Sesam.

Gebratene Gurken (Oi Bokkeum)

Zubereitungsdauer: 20 Minuten

Zutaten:

- 150g Gurken, in halbe Scheiben geschnitten
- 1 Knoblauchzehe, gehackt
- ½ Frühlingszwiebel, in feine Ringe geschnitten
- 1 Tl. Geröstetes Sesamöl
- 1 Tl. Gerösteter Sesam
- 1 Tl. Salz
- Öl zum Braten

Zubereitung:

1. Gib die Gurken in eine Schüssel, salze sie und lass sie etwa 10 Minuten ruhen, nachdem du sie umgerührt hast.

2. Schütte das Wasser ab, das sich abgesetzt hat und drücke die Gurken aus.

3. Erhitze eine Pfanne mit etwas Öl. Gib dann den Knoblauch hinein, brate ihn scharf an und gib dann die Gurken hinzu. Brate alles für etwa 2 Minuten, bis die Gurken noch grüner als zuvor sind. Dreh den Herd ab.

4. Mische die Gurken mit den restlichen Zutaten in einer Schüssel miteinander durch.

Gebratene Zucchini mit Auberginen (Gaji Hobak Muchim)

Zubereitungsdauer: 40 Minuten

Zutaten:

- 1 Aubergine, in dünne Scheiben geschnitten
- 1 Zucchini, in dünne Scheiben geschnitten
- 1 Tl. Salz
- Öl zum Braten
- ½ Frühlingszwiebel,
- 1 Knoblauchzehe, gehackt
- 1 El. Sojasauce
- 1 Tl. Geröstetes Sesamöl
- 1 Tl. Zucker
- 1 Tl. Gerösteter Sesam
- ½ Tl. Chiliflocken
- 1 Prise Pfeffer

Zubereitung:

1. Gib die Zucchini- und Auberginenscheiben in eine Schüssel und salze sie. Lass sie für etwa 20 Minuten ruhen und rühre nach der Hälfte der Zeit alles einmal um. Gieße die Flüssigkeit ab, die sich abgesetzt hat.

2. Brate das Gemüse auf einem Kontaktgrill oder auf einer vorgeheizten Pfanne mit etwas Öl an, bis die Scheiben golden-braun sind.

3. Gib das Gemüse mit den restlichen Zutaten in eine Schüssel und mische alles miteinander durch.

Warme Mahlzeiten
따뜻한 식사

Gochujang-Blumenkohl

Zubereitungsdauer: 40 Minuten

Zutaten:

Für die Sauce:

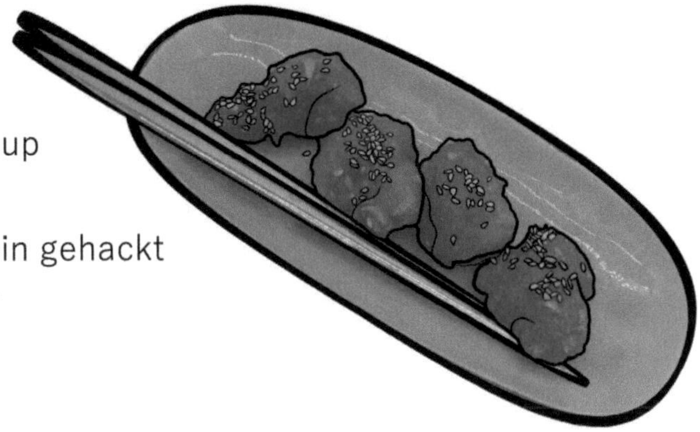

- 100 ml Wasser
- 1 El. Gochujang
- 30 g Tomaten-Ketchup
- 1 El. Sojasauce
- 1 Knoblauchzehe, fein gehackt
- 1 Tl. brauner Zucker
- 1 Tl. Reisessig
- 1 Tl. Speisestärke

Blumenkohl und Panade:

- 200 g Blumenkohl
- 50 g Mehl
- 1 Tl. Speisestärke
- 1 Tl. Backpulver
- 1 Tl. Salz
- 50 ml Wasser
- 1 Schüssel Semmelbrösel oder Paniermehl
- Öl zum Frittieren

Zubereitung:

1. Rühre zu Beginn In einer kleinen Schüssel die Zutaten für die Sauce zusammen.

2. In einer weiteren Schüssel mischst Du das Mehl, das Backpulver, das Salz, das Wasser und die Speisestärke zusammen. Stelle die Schüssel mit den Semmelbröseln bereit.

3. Gib die Blumenkohl-Rösschen zuerst einzeln in die flüssige Mehl-Mischung, damit sie komplett ummantelt sind. Dann legst Du die Rösschen in die Schüssel mit den Semmelbröseln und wälzt sie

darin, damit sie vollständig von der Panade bedeckt sind. Das wiederholst Du mit allen Blumenkohl-Rösschen.

4. Erhitze nun einen Topf mit reichlich Öl zum Frittieren des Blumenkohls. Teste das Öl mit einem Holzstäbchen oder einem Blumenkohl-Rösschen. Wenn Bläschen an dem Stäbchen oder dem Röss chen aufsteigen, ist das Öl heiß genug.

5. Gib nun den panierten Blumenkohl vorsichtig ins Öl und lass ihn einige Minuten frittieren, bis er eine golden-braune Farbe an nimmt. Es empfiehlt sich je nach Größe des Topfes den Blumenkohl in Chargen zu frittieren, damit das Öl nicht zu kalt wird und jedes einzelne Rösschen ordentlich zubereitet wird.

6. Gib die frittierten Rösschen auf einen Teller mit Küchenpapier, um das überschüssige Öl aufzufangen. Gib Deine Sauce in einen großen Topf und bringe diese unter ständigem Rühren zum Kochen.

7. Wenn sich die Sauce allmählich verdickt hat, gibst Du den Blumenkohl hinzu und rührst alles zusammen ordentlich durch, bis die einzelnen Rösschen vollständig von der Sauce bedeckt sind.

8. Gib den Blumenkohl auf einen Teller und bestreue ihn optional mit geröstetem Sesam und Frühlingszwiebeln.

Eintopf mit Sojabohnenpaste (Doenjang Chigae)

Zubereitungsdauer: 40 Minuten

Zutaten:

- 3 Knoblauchzehen, fein gehackt
- 1 Kartoffel, gewürfelt
- ½ Zwiebel, fein gewürfelt
- ½ Zucchini, gewürfelt
- 400 g Tofu, gewürfelt
- 2 Frühlingszwiebeln, in Ringe geschnitten
- 1 Chilischote, in dünne Ringe geschnitten
- 1 El. geröstetes Sesamöl
- 1 El. Gochujang
- 3 El. Doenjang
- 2 El. Sojasauce
- 700 ml Gemüsebrühe
- 1 Prise Salz
- 1 Prise Pfeffer

Zubereitung:

1. Erhitze das Sesamöl in einem Schmortopf und gib Gochujang hinzu. Verrühre die Paste sofort, damit sie nicht verbrennt.

2. Wenn die Paste anfängt zu schäumen, gibst Du Zwiebeln, Kartoffeln, Zucchini, Knoblauch, Salz und Pfeffer hinzu und brätst alles weitere 2 bis 3 Minuten an. Reduziere die Hitze, wenn nötig.

3. Nun gibst Du Doenjang hinzu, rührst ordentlich durch damit das Gemüse mit der Paste überzogen ist und löschst alles mit der Gemüsebrühe und der Sojasauce ab. Gib im Anschluss den Tofu hinzu und bring das ganze zum Kochen. Dreh die Hitze hinunter und lass den Eintopf ca. 20 Minuten lang köcheln.

4. Zu guter Letzt gibst Du die Frühlingszwiebeln und die Chilischote hinzu und lässt den Eintopf weitere 2 Minuten garen.

Scharfe Reiskuchen (Tteokbokki)

Zubereitungsdauer: 30 Minuten

Zutaten:

- 250 ml Wasser
- 1 Handvoll Reiskuchen
- 3 Shiitake-Pilze, in mundgerechte Stücke geschnitten
- 1 Knoblauchzehe, gehackt
- 2 El. Gochujang
- 1 El. Zucker
- 1 El. Sojasauce
- 1 El. Tomatenmark
- 1 Prise Pfeffer
- 1 Tl. Petersilie, getrocknet
- 1 Tl. geröstetes Sesamöl

Als Topping:

- Gerösteter Sesam
- Frühlingszwiebel, in Ringe geschnitten

Zubereitung:

1. Brate die Pilze in einer Pfanne mit etwas Öl an, bis sie goldbraun sind. Nimm die Pfanne vom Herd und gib einen Schuss Sojasauce hinzu, zügig umrühren. Gib die Pilze in einen größeren Topf.

2. In diesem Topf mischst Du alles außer Reiskuchen und den Top pings und bringst es zum Kochen.

3. Dreh die Hitze hinunter, gib die Reiskuchen hinein und lass alles etwa 10 Minuten köcheln, bis die Reiskuchen die Sauce reduziert und verdickt haben.

4. In einer Schüssel richtest Du dann die das Tteokbokki mit den Toppings an.

Tofu-Eintopf (Sundubu Jjigae)

Zubereitungsdauer: 40 Minuten

Zutaten:

- 200 g Seidentofu
- 1 Knoblauchzehe, fein gehackt
- 100 g Zucchini, in mundgerechte Stücke geschnitten
- 100 g Kartoffeln, in mundgerechte Stücke geschnitten
- 80 g veganes Kimchi
- 50 g Enoki-Pilze, harte Stielenden entfernt
- 2 Frühlingszwiebeln, in feine Scheiben geschnitten
- 300 ml Wasser
- 1 El. Öl zum Braten
- 1 El. geröstetes Sesamöl
- 1 El. Gochujang
- 1 El. Sojasauce

Zubereitung:

1. In einem großen Schmortopf erhitzt Du beide Öle und gibst dann die Kartoffeln hinzu. Brate sie knapp 5 Minuten an und mische dann Knoblauch, Zucchini, Gochujang und Kimchi bei. Alles ordentlich miteinander verrühren und braten, bis die Gochujang-Paste anfängt am Topfboden zu haften. Dies nimmt für gewöhnlich keine 5 Minuten in Anspruch.

2. Gib nun das Wasser und die Sojasauce hinzu und verrühre alles miteinander. Bringe den Eintopf zum Kochen und lass ihn etwa 10 Minuten bei niedriger Hitze köcheln.

3. Jetzt gibst Du den Tofu und die Pilze hinein. Zerteile den Tofu leicht mit einem Pfannenwender und lass alles weitere 3 Minuten Kochen.

4. Zum Schluss gibst Du die Frühlingszwiebeln hinzu und nimmst den Eintopf vom Herd.

Veganes Feuerfleisch (Bulgogi)

Zubereitungsdauer: 30 Minuten

Zutaten:

- 200 g Tofu, abgetupft und in einer Schüssel zerbröselt
- 1 Zwiebel, fein gewürfelt
- 2 Knoblauchzehen, fein gehackt
- 1 daumengroßes Stück Ingwer, fein gehackt
- 1 Frühlingszwiebel, in feine Scheiben geschnitten
- Öl zum Braten

Für die Sauce:

- 2 Tl. Zucker
- 2 El. Reisessig
- 2 El. Sojasauce
- 2 Tl. Dunkle Sojasauce
- 1 Tl. geröstetes Sesamöl
- ½ Tl. Chiliflocken
- 1 El. gerösteter Sesam

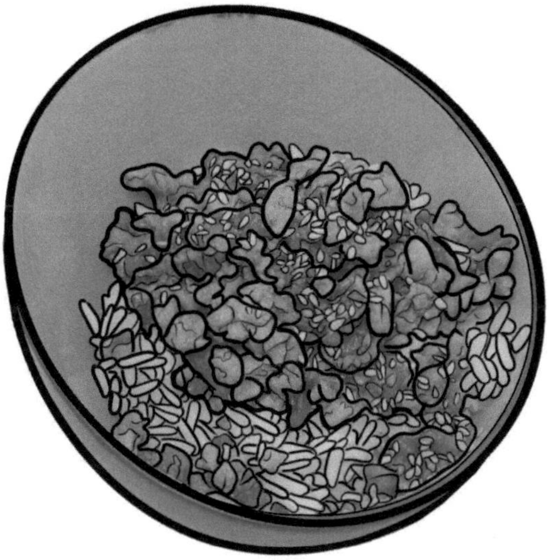

Zubereitung:

1. In einer Schüssel mischst Du alle Zutaten für die Sauce an. In einer weiteren Schüssel mischst Du die restlichen Zutaten außer die Frühlingszwiebeln zusammen.

2. Erhitze eine Pfanne mit Öl und gib dann die Tofu-Mischung hinein. Brate sie etwa 7 Minuten an, bis der Tofu leicht goldenbraun wird.

3. Gib nun die Sauce hinzu und rühre alles miteinander um, bis alles von der Sauce durchzogen ist. Zum Schluss gibst Du die Frühlingszwiebeln dazu und lässt die Pfanne für weitere 30 Sekunden braten.

Vegane Hühnerpfanne (Dak-Galbi)

Zubereitungsdauer: 30 Minuten + 1 Stunde marinieren lassen

Zutaten:

- 1 Dose Mock-Chicken, in mundgerechte Stücke geschnitten
- 1 kleine Süßkartoffel, in mundgerechte Stücke geschnitten
- 1 kleine Karotte, in Scheiben geschnitten
- 150 g Weißkohl, geraspelt
- 1 Handvoll Reiskuchen, im Wasser eingeweicht
- Öl zum Braten

Für die Marinade:

- 2 El. Gochujang
- 1 El. Reiswein
- ½ Tl. Chiliflocken
- 1 El. Sojasauce
- ½ El. Zucker
- 1 Knoblauchzehe, gepresst
- 1 Tl. Ingwer, fein gehackt
- ½ Tl. Currypulver
- ½ kleine Zwiebel, fein gehackt
- 1 Prise Pfeffer

Zubereitung:

1. Rühre alle Zutaten für die Marinade zusammen und lass das Mock-Chicken für mindestens 1 Stunde darin ziehen.

2. Wenn das Mock-Chicken bereit ist, erhitze eine große Pfanne mit dem Öl und brate dann alle restlichen Zutaten sowie dem Mock-Chicken in der Pfanne etwa 20 Minuten bei mittlerer Hitze unter ständigem Rühren an, bis das Gemüse gar ist.

Kimchi-Pfannkuchen (Kimchijeon)

Zubereitungsdauer: 30 Minuten

Zutaten:

- 150 ml Wasser
- 100 g Mehl
- 200 g Kimchi
- Öl zum Braten

Als Topping:

- Gerösteter Sesam

Zubereitung:

1. In einer Schüssel verrührst Du das Wasser, das Mehl und den Kimchi zu einer Art Teig.

2. Erhitze eine Pfanne mit etwas Öl und gib löffelweise die Teigmischung hinein. Drücke die einzelnen Teighäuflein mit einem Pfannenwender platt und bestreue die Pfannkuchen mit dem Sesam. Brate beide Seiten der Pfannkuchen etwa 3 Minuten an, bis beide gold-braun sind.

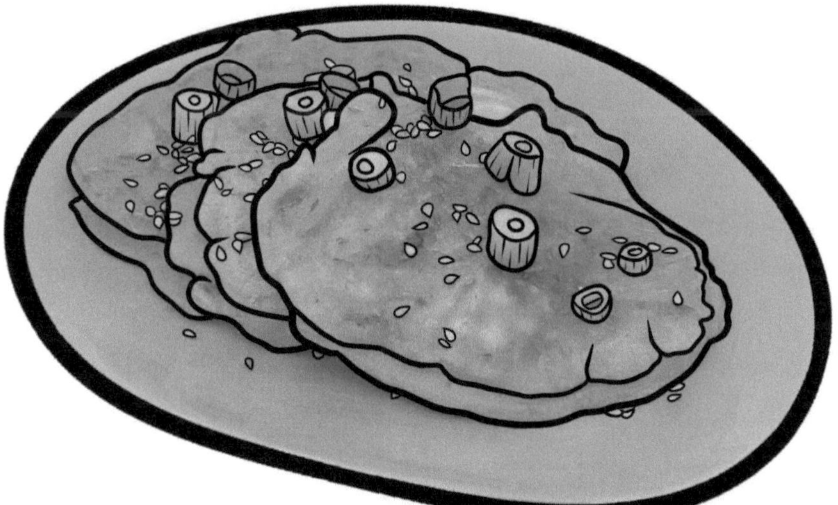

Knusprig-scharf gebratener Tofu (Kkangpoong Tofu)

Zubereitungsdauer: 30 Minuten

Zutaten:

- 250 g Tofu, in mundgerechte Würfel geschnitten
- 3 Knoblauchzehen, gehackt
- ½ rote Zwiebel, gewürfelt
- 1 Chilischote, in Scheiben geschnitten
- 1 Frühlingszwiebel, in Scheiben geschnitten
- ½ Tl. Salz
- 1 El. Speisestärke
- 1 Tl. geröstetes Sesamöl
- 1 Tl. gerösteter Sesam
- Öl zum Braten

Für die Sauce:

- 1 Tl. Chiliflocken
- 1 El. Sojasauce
- 1 El. Reisessig
- 2 El. Ahornsirup
- 1 El. Reiswein
- ½ El. Speisestärke

Zubereitung:

1. Gib die Tofu-Würfel, das Salz und die Speisestärke in eine Schüssel und mische alles ordentlich durch, sodass die Würfel von der Stärke bedeckt sind.

2. In einer Schüssel mischst Du alle Zutaten für die Sauce zusammen. Währenddessen erhitzt Du eine Pfanne mit etwas Öl und gibst dann den Tofu hinein. Achte aber darauf, dass sich die einzelnen Würfel nicht berühren und nicht aneinanderkleben. Brate den Tofu für etwa 7 Minuten an, bis er golden-braun ist und nimm ihn aus der Pfanne.

3. In derselben Pfanne brätst Du mit etwas Öl das restliche Gemüse an, bis der Knoblauch anfängt braun zu werden. Gib nun die Sauce hinzu und rühre durchgehend um, bis die Sauce sich verdickt hat und das Gemüse von ihr bedeckt ist.

4. Stell die Hitze ab und gib den Tofu in die Pfanne. Rühre weiter um, bis auch der Tofu von der Sauce bedeckt ist. Serviere die Pfanne mit Sesamöl und Sesam.

Hot Pot mit Pilzen und Tofu (Doenjang Beoseot Jeongol)

Zubereitungsdauer: 40 Minuten

Zutaten:

- 50 g Shiitake-Pilze, in Scheiben geschnitten
- 50 g Enoki-Pilze, hartes Ende entfernt
- 50 g Chinakohl, in feine Streifen geschnitten
- ½ Zucchini, in Scheiben geschnitten
- ½ Porree, in dünne Scheiben geschnitten
- 1 Frühlingszwiebel, in 4 gleichlange Stücke geschnitten
- 50 g Tofu, grob gewürfelt
- ½ Chilischote, in Ringe geschnitten
- 1 Knoblauchzehe, fein gehackt
- 1 El. Doenjang
- ½ Tl. Chiliflocken
- 600 ml Gemüsebrühe
- 1 El. vegane Fischsauce

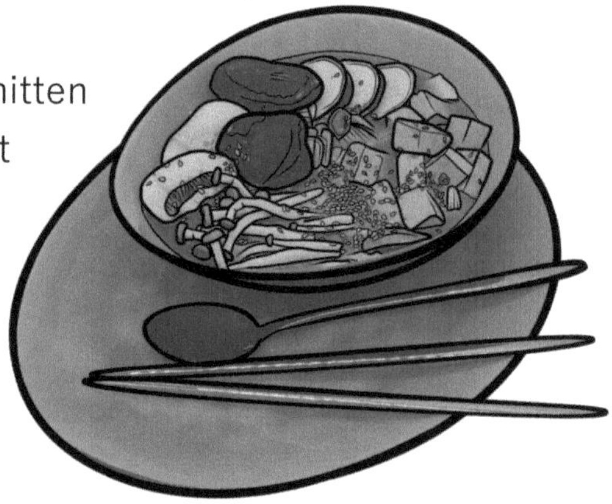

Zubereitung:

1. Gib die Gemüsebrühe, die Pilzen, den Tofu und das Gemüse außer dem Knoblauch und der Chilischote in einen Topf und bringe alles zum Kochen.

2. Nun gibst Du Knoblauch, Doenjang und Chiliflocken hinzu und drehst die Hitze hinunter. Lass die Suppe etwa 5 Minuten leicht köcheln.

3. Gib dann die restlichen Zutaten in den Topf und mische alles ordentlich durch. Nimm den Topf vom Herd.

Süße, knusprige Pilze (Beoseot Tangsu)

Zubereitungsdauer: 30 Minuten

Zutaten:

- 50 g Shiitake-Pilze, geviertelt
- 2 El. Speisestärke
- Öl zum Frittieren

Für die Sauce:

- 1 El. Sojasauce
- 1 El. Gochujang
- 1 El. Reisessig
- 1 ½ El. Zucker
- 1 El. Reiswein

Zubereitung:

1. Mische in einer Schüssel die Pilze mit der Stärke zusammen durch, bis die Pilze vollständig mit ihr bedeckt sind.

2. Gib die Zutaten für die Sauce in einen Topf und bringe es zum Kochen. Dreh die Hitze hinunter und lass die Sauce weitere 4 Minuten köcheln.

3. Gib das Öl in einen hohen Topf. Wenn das Öl heiß genug ist, frittiere die Pilze, bis sie gold-braun werden. Achte darauf, dass sie nicht aneinander kleben bleiben. Nimm die Pilze heraus und lege sie auf einen Teller mit Küchenpapier. Frittiere die Pilze ein zweites Mal für ungefähr 2 Minuten im heißen Öl, damit sie gut durch gebraten sind.

4. Gib die Pilze zu der heißen Sauce und verrühre alles miteinander, bis die Pilze mit der Sauce überzogen sind.

Nudeln mit schwarzer Bohnensauce (Jajangmyeon)

Zubereitungsdauer: 40 Minuten

Zutaten:

- 1 Handvoll Soja-Geschnetzeltes
- 50 ml Gemüsebrühe
- 1 El. Sojasauce
- Öl zum Braten
- 1 Knoblauchzehe, fein gehackt
- ½ Zwiebel, gewürfelt
- ½ Kartoffel, gewürfelt
- 50 g Weißkohl, gewürfelt
- 1 El. Chunjang
- 180 ml Wasser
- 1 Tl. Zucker
- 1 Tl. Speisestärke
- 100 g Udon-Nudeln
- 1 Prise weißen Pfeffer

Zubereitung:

1. Übergieße das Soja-Geschnetzelte mit der heißen Gemüsebrühe und Sojasauce in einer Schüssel und lass es etwa 10 Minuten einweichen. Wenn das Soja-Fleisch die Flüssigkeit aufgesaugt hat, drücke es aus und schneide es in kleine Würfel.

2. Erhitze Öl in einer Pfanne und brate das Soja-Geschnetzelte an, bis es leicht braun wird. Entferne es aus der Pfanne.

3. Gib wieder etwas Öl in die Pfanne und brate die Chunjang-Paste für etwa 1 Minute darin an, bis Du den Knoblauch, das Gemüse und das Soja-Geschnetzelte hinzugibst und mit dem Wasser ablöschst. Gib den Zucker und Pfeffer ebenfalls hinzu und lass alles zugedeckt etwa 10 Minuten köcheln. Gib dann die Stärke hin zu und verrühre alles miteinander, bis die Sauce sich verdickt

hat. Danach nimmst Du die Pfanne vom Herd.

4. In der Zwischenzeit kochst Du die Nudeln in einem Topf mit ko chendem Wasser, bis sie bissfest sind und schreckst sie mit kal tem Wasser ab.

5. Beim Servieren auf dem Teller wird die Sauce auf die Nudeln ge schöpft.

Mungbohnen-Pfannkuchen (Nokdujeon)

Zubereitungsdauer: 50 Minuten + 4 Stunden einweichen lassen

Zutaten:

- 120 g Mungbohnen, getrocknet und geschält
- 120 g Mungbohnensprossen
- 120 g Kimchi, fein gehackt
- 1 Knoblauchzehe, gehackt
- 3 Frühlingszwiebeln, in Ringe geschnitten
- 2 Tl. Sojasauce
- 1 El. geröstetes Sesamöl
- 90 ml Wasser
- Öl zum Braten
- 1 Prise Salz

Für den Dip:

- 3 El. Sojasauce
- 1 El. Essig
- 3 El. Wasser
- 1 Prise Pfeffer
- 1 Prise Chiliflocken

Zubereitung:

1. Leg die Mungbohnen für etwa 4 Stunden in einer Schüssel mit Wasser ein und lass sie danach abtropfen.

2. Bringe einen Topf mit Wasser zum Kochen und gib die Mungbohnensprossen für etwa 2 Minuten hinzu. Schrecke sie dann mit kaltem Wasser ab und drücke vorsichtig das restliche Wasser aus.

3. Mische in einer großen Schüssel Sprossen, Kimchi, Knoblauch, Frühlingszwiebeln, Sojasauce und Sesamöl zusammen.

4. Püriere die eingeweichten Mungbohnen mit dem Wasser und dem Salz, bis Du eine matschige, sandige Mixtur hast. Gib sie in

die Schüssel mit den restlichen Zutaten und vermenge alles mit einander.

5. Erhitze eine Pfanne mit etwas Öl und gib löffelweise etwas von der Mungbohnen-Mixtur hinein. Brate jede Seite der Pfannkuchen ungefähr 3 Minuten an, bis sie eine gold-braune Farbe annehmen. Wiederhole dies, bis nichts mehr von der Mixtur übrig ist. Mische die Zutaten für den Dip in einer kleinen Schüssel zusammen.

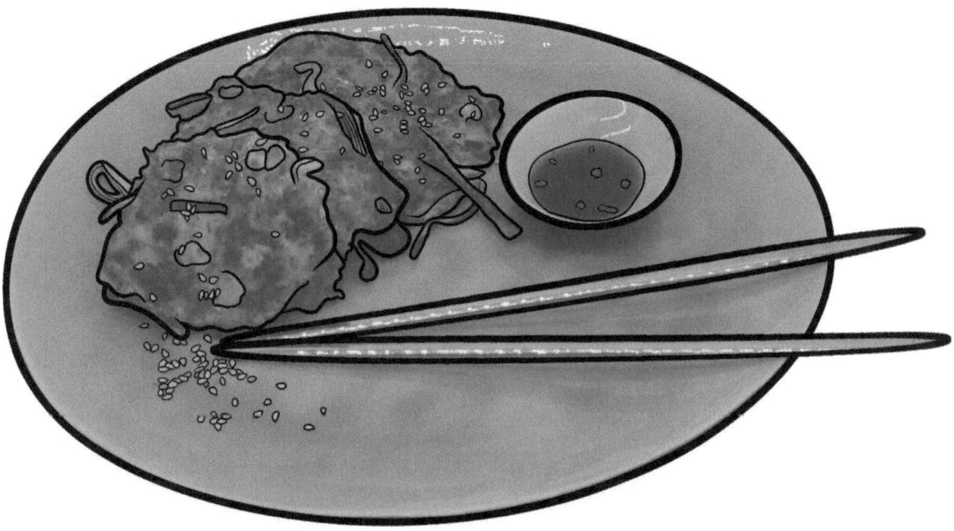

Gefüllte Teigtaschen mit Zucchini und Pilzen (Hobak Mandu)

Zubereitungsdauer: 40 Minuten

Zutaten:

- Etwa 10 runde Teigtaschenblätter (Mandu-Blätter)
- 1 Zucchini, fein gewürfelt
- 2 getrocknete Siitake-Pilze, fein gewürfelt
- 1 Tl. Salz
- Geröstetes Sesamöl zum Braten

Für den Dip:

- 2 Tl. Sojasauce
- 1 Tl. Essig
- 2 Tl. Wasser

Zubereitung:

1. Rühre in einer Schüssel den Dip an und stelle ihn beiseite.

2. Salze die Zucchini in einer Schüssel und lass sie etwa 15 Minuten stehen. Drücke die Zucchini vorsichtig aus und gib sie mit dem Sesamöl in eine vorgeheizte Pfanne. Brate sie scharf an und gib sie auf einen Teller.

3. In derselben Pfanne brätst Du nun die Pilze mit etwas Sesamöl an.

4. Gib die Pilze zu den Zucchini und mische alles ordentlich durch. Fülle die Teigtaschenblätter mit einem Teelöffel der Zucchini-Pilz-Mischung. Feuchte vorher die Ränder des Teigtaschenblattes mit etwas Wasser an. Benutze dann Deine beiden Daumen und Zeigefinger, um ein Kreuz zu erhalten (siehe Bild), ist aber natürl ich kein Muss. Das Wichtigste ist, dass die Füllung dicht ver schlossen ist.

5. Bringe einen Topf mit Wasser zum Kochen und gib dann die Teigtaschen hinein. Wenn sie anfangen, oben zu Schwimmen, sind sie fertig.

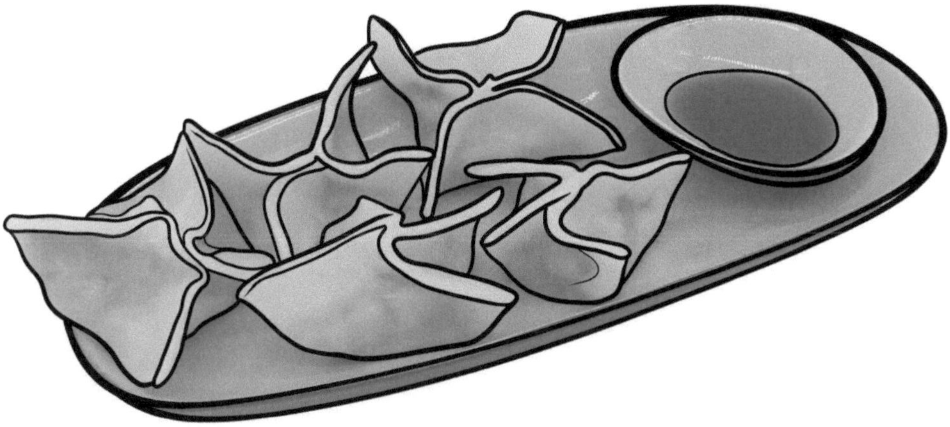

Knoblauch-Pfannkuchen (Buchjeon)

Zubereitungsdauer: 30 Minuten

Zutaten:

- 100 g Mehl
- 100 ml Wasser
- 50 g Knoblauchgrün, in kurze Stifte geschnitten
- ½ Zwiebel, in dünne Halbkreise geschnitten
- 1 Tl. Sojasauce
- 1 El. Gochujang
- 1 Prise Salz
- Etwas Öl zum Braten

Dip:

- 2 El. Sojasauce
- 2 Tl. Essig
- 2 El. Wasser
- 1 Tl. Zucker
- 1 Prise Pfeffer

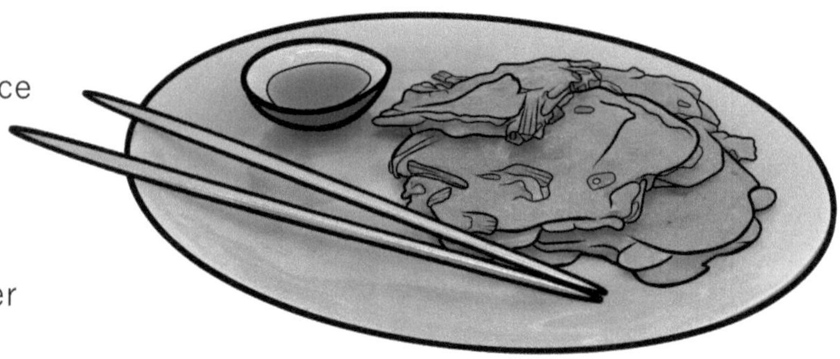

Zubereitung:

1. Mische zunächst den Dip an.

2. Rühre Mehl, Wasser, Sojasauce, Gochujang und Salz in einer Schüssel ein. Gib dann Knoblauchgrün und Zwiebeln hinzu und mische alles erneut ordentlich miteinander durch.

3. Gib nun löffelweise die Teigmischung in eine mit Öl vorgeheizte Pfanne. Brate jede Seite der Pfannkuchen etwa 3 Minuten an, bis sie golden-braun sind. Drücke die Pfannkuchen mit dem Pfannenwender beim Braten flach. Lege die fertigen Pfannkuchen auf einen Teller mit Küchenpapier.

4. Wiederhole Schritt 3, bis die gesamte Teigmischung verbraucht ist.

Geschmorter Tofu (Dubu Jorim)

Zubereitungsdauer: 30 Minuten

Zutaten:

- 400 g Tofu, in Scheiben geschnitten
- Öl zum Braten

Für die Sauce:

- 2 El. Sojasauce
- 2 El. Wasser
- 1 El. geröstetes Sesamöl
- 1 Tl. Zucker
- ½ Tl. Chiliflocken
- 1 Tl. gerösteter Sesam
- 1 Knoblauchzehe, gehackt
- 1 Frühlingszwiebel, in feine Ringe geschnitten

Zubereitung:

1. Tupfe den Tofu zuerst mit Küchenpapier trocken.

2. Rühre die Sauce in einer Schüssel.

3. Gib die Tofu-Scheiben in eine heiße Pfanne mit etwas Öl und brate sie bei mittlerer Hitze für etwa 4 Minuten pro Seite, bis beide Seiten gold-braun geworden sind.

4. Gib dann die Sauce in die Pfanne und schöpfe mit einem Löffel die Sauce über die Tofu-Scheiben. Wiederhole dies mehrere Male, damit der Tofu die Sauce auch von beiden Seiten in sich aufsaugen kann. Lass den Tofu mit der Sauce ungefähr weitere 3 Minu ten brodeln.

Kartoffel-Pfannkuchen (Gamja Jeon)

Zubereitungsdauer: 30 Minuten

Zutaten:

- 1 Kartoffel, grob gewürfelt
- ½ Zwiebel, in feine Würfel geschnitten
- ½ Chilischote, in feine Ringe geschnitten
- 1 Prise Salz
- Öl zum Braten

Zubereitung:

1. Püriere die Kartoffel in einem Mixer oder mit dem Pürierstab zu einem Brei. Gib den Brei dann in ein Sieb und lass ihn 10 Minuten über einem Topf abtropfen.

2. Gib den Brei in eine Schüssel mit den Zwiebeln und dem Salz und vermische alles miteinander. Schütte das Wasser aus dem Topf, auf dem der Kartoffelbrei abgetropft ist, vorsichtig aus. Die Stärke, die sich am Boden des Topfes abgesetzt hat, solltest Du behalten und zu deiner Brei-Mischung geben.

3. Gib etwas Öl in eine vorgeheizte Pfanne und lege löffelweise Klumpen von der Brei-Mischung in die Pfanne. Brate die Pfannkuchen so lange an, bis die Ränder anfangen, sich zu verhärten. Lege dann etwa 2 Chili-Scheiben auf die noch rohe Seite eines Pfannkuchens. Wiederhole das mit den restlichen Pfannkuchen in der Pfanne. Wende sie und lass sie weiter braten, bis sie auf beiden Seiten golden-braun sind. Lege die fertigen Pfannkuchen auf einen Teller mit Küchenpapier.

Suppen
수프

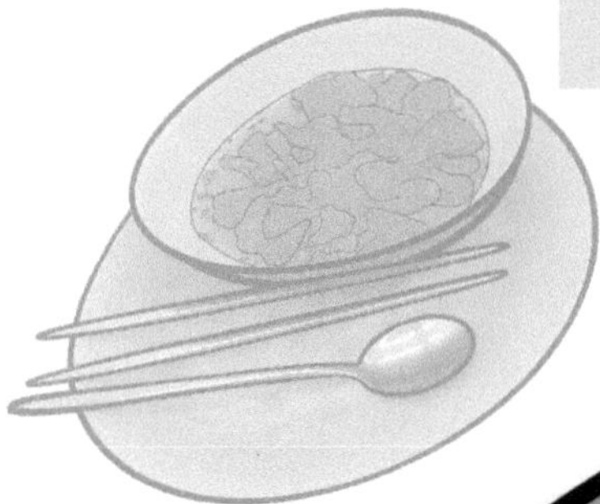

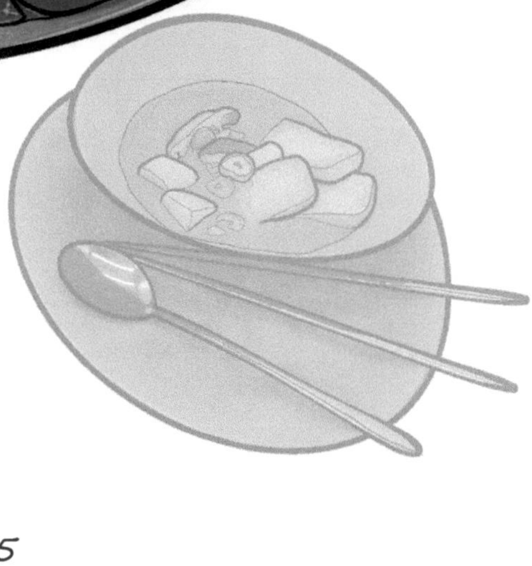

Fenchel-Suppe (Fenchel-Doenjang-Guk)

Zubereitungsdauer: 40 Minuten

Zutaten:

- ½ Fenchelknolle, in dünne Streifen geschnitten
- 4 bis 5 getrocknete Shiitake-Pilze, eingeweicht und in Streifen geschnitten
- 1 große Kartoffel, in Würfel geschnitten
- 400 g Tofu, in 1 cm dicke Scheiben geschnitten
- 2 El. Doenjang
- 1 El. Sesamöl
- 1 L Gemüsebrühe
- 1 Prise Salz
- 1 El. Öl zum Braten

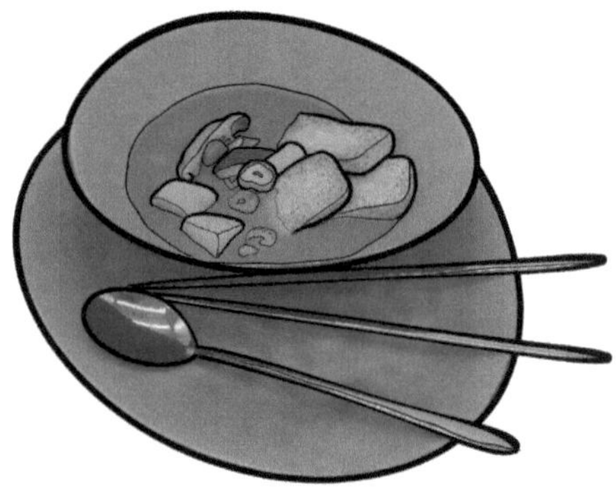

Zubereitung:

1. Gib das Sesamöl in einen großen, erhitzten Topf oder Schmortopf. Dann gibst Du Fenchel, Pilze und Kartoffeln hinzu. Brate al les knapp 4 Minuten an, bis die Pilze braun werden und füge dann Salz hinzu.

2. Lösche das Ganze mit der Gemüsebrühe und dem Wasser, in dem die Pilze eingeweicht sind, ab und füge Doenjang hinzu. Rühre alles ordentlich um, bis die Doenjang-Paste sich aufgelöst hat und dreh die Hitze hinunter. Die Suppe sollte etwa 15 Minuten köcheln.

3. In der Zwischenzeit brätst Du die Tofu-Scheiben auf einer Pfanne mit Öl von jeder Seite gold-braun an.

4. Serviere die Suppe anschließend in Schüsseln und lege die Tofu-Scheiben darauf.

Ramen-Suppe auf koreanische Art

Zubereitungsdauer: 40 Minuten

Zutaten:

- 100 g Ramen- oder Mie-Nudeln
- 5 getrocknete Shiitake-Pilze, eingeweicht und in dünne Scheiben geschnitten
- 1 El. Wakame-Algen, eingeweicht
- 1 Knoblauchzehe, fein gehackt
- 1 kleine Karotte, in dünne kurze Stifte geschnitten
- 1 Frühlingszwiebel, in feine Ringe geschnitten
- 1 El. Öl zum Braten
- 1 L Wasser
- ½ Tl. Chiliflocken
- 1 Tl. Gochujang
- 1 Tl. Doenjang
- ½ Tl. Salz
- ½ El. Hefeflocken
- 1 El. gerösteter Sesam

Zubereitung:

1. Erhitze das Öl in einem großen Topf und gib dann die Pilze, die Karotten, den Knoblauch und die Chiliflocken hinzu. Brate alles knapp 3 Minuten an und achte darauf, dass der Knoblauch nicht verbrennt.

2. Lösche alles mit dem Wasser ab und gib die Algen und die Hälfte der Lauchzwiebeln hinzu. Bringe den Topf zum Kochen.

3. Als nächstes gibst Du Gochujang, Doenjang, Salz und Hefeflo cken hinzu, rührst alles um und lässt die Suppe weitere 10 Minu ten auf niedriger Hitze köcheln.

4. Gib nun die Nudeln in den Topf und lass sie etwa 2 Minuten dar in kochen. Nimm den Topf dann vom Herd und serviere die Sup pe mit den restlichen Frühlingszwiebeln und dem Sesam oben drauf.

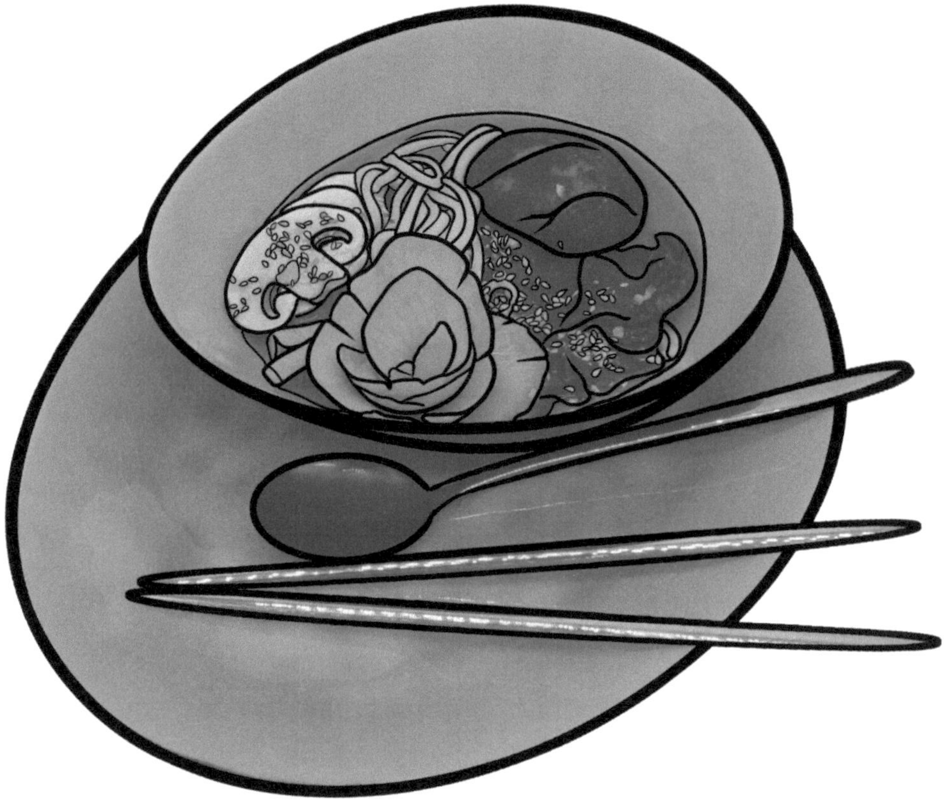

Suppe mit handgezogenen Nudeln (Sujebi)

Zubereitungsdauer: 1,5 Stunden

Zutaten:

- 100 g Mehl
- 40 ml Wasser
- ½ Tl. Salz
- ½ El. Öl
- ½ Kartoffel, gewürfelt
- ½ Kombu-Blatt
- 400 ml Gemüsebrühe
- 1 El. vegane Fischsauce
- ½ El. Sojasauce
- ½ Frühlingszwiebel, in Ringe geschnitten
- ½ Tl. geröstetes Sesamöl
- 1 Prise Pfeffer

Zubereitung:

1. Rühre Mehl, Salz, Öl und Wasser in einer Schüssel zu einem Teig zusammen. Der Teig muss weich, aber nicht mehr klebrig sein. Forme den Teig dann zu einem Ball und lass ihn bedeckt im Küh-l schrank für etwa 30 Minuten ruhen.

2. In einen Topf gibst Du die Gemüsebrühe und den Kombu hinein und bringst sie zum Kochen. Gib dann die Kartoffeln hinzu und drehe die Hitze etwas hinunter. Lass die Kartoffeln etwa 15 Minu ten kochen, bis Du dann die Fisch- und Sojasauce hinzugibst. Fische das Kombu-Blatt vorsichtig heraus, schneide es in Streifen und gib diese wieder in die Suppe. Lass den Topf auf der niedrigsten Stufe köcheln.

3. Knete den Teig aus dem Kühlschrank nochmal durch, bevor Du ihn viertelst und jedes einzelne Stück platt rollst. Nimm die ein zelnen Teigscheiben in die Hand und zupfe kleine Stücke mit den Fingern aus dem Teig heraus. Gib diese in die köchelnde Suppe,

bis Du den gesamten Teig aufgebraucht hast. Lass den Topf weitere 3 Minuten auf dem Herd, bis die Nudeln anfangen, oben zu schwimmen.

4. Serviere die Suppe mit Frühlingszwiebeln, Pfeffer und Sesamöl.

Rettichsuppe (Mu Doenjang Guk)

Zubereitungsdauer: 40 Minuten

Zutaten:

- 100 g Rettich, in feine Stifte gerieben oder geschnitten
- 1 Frühlingszwiebel, in feine Ringe geschnitten
- ½ Zwiebel, ganz
- 1 getrockneter Shiitake-Pilz, eingeweicht
- ½ Kombu-Blatt
- 1 Knoblauchzehe, ganz
- ½ Chilischote, in Ringe geschnitten
- 1 El. Doenjang
- 500 ml Wasser
- ½ Tl. Mehl
- Sojasauce und Salz zum Abschmecken

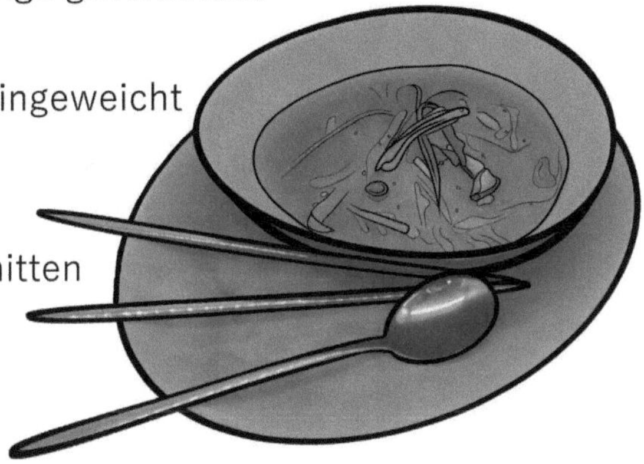

Zubereitung:

1. Gib Wasser, Mehl, Zwiebel, Pilze, Kombu, Knoblauch und Chili in einen Topf. Bringe alles zum Kochen, drehe dann die Hitze etwas hinunter und lass die Suppe zugedeckt etwa 10 Minuten köcheln.

2. Entferne die festen Zutaten vorsichtig aus dem Topf und schneide dann die Pilze in dünne Scheiben. Füge dann die Doenjang-Paste dem Topf hinzu und rühre, bis sie sich aufgelöst hat.

3. Gib jetzt den Rettich und die Pilze hinein und lass den Topf für weitere 10 Minuten köcheln. Wenn der Rettich leicht durchsichtig geworden ist, kannst Du die Frühlingszwiebel hineingeben und die Suppe ein paar weitere Minuten köcheln lassen. Schmecke das Ganze mit Salz und Sojasauce nach Geschmack ab.

Teigtaschensuppe (Manduguk)

Zubereitungsdauer: 30 Minuten

Zutaten:

- 600 ml Gemüsebrühe
- 1 El. vegane Fischsauce
- 1 Knoblauchzehe, gehackt
- 1 Frühlingszwiebel, in feine Ringe geschnitten
- 5 gefüllte Teigtaschen, roh (siehe Seite 60)
- Salz und Pfeffer zum Abschmecken

Zubereitung:

1. Bringe die Brühe in einem Topf zum Kochen.

2. Stelle den Herd auf mittlere Flamme und rühre nun den Knob lauch, die Fischsauce, das Salz und den Pfeffer nach Geschmack hinein. Gib die Teigtaschen hinzu und lass sie so lange kochen, bis sie oben schwimmen.

3. Drehe die Hitze ab und füge die Frühlingszwiebel hinzu.

Sojabohnensprossen-Kimchi-Suppe (Kimchi Kongnamul Guk)

Zubereitungsdauer: 40 Minuten

Zutaten:

- 70 g Sojabohnensprossen
- 1 Knoblauchzehe, gehackt
- ½ Frühlingszwiebel, in Ringe geschnitten
- 50 g Kimchi, in mundgerechte Stücke geschnitten
- 20 ml Saft vom Kimchi
- 500 ml Gemüsebrühe
- 1 Tl. Chiliflocken
- 1 Tl. Sojasauce
- Salz und Pfeffer zum Abschmecken

Zubereitung:

1. Wasche die Sojabohnensprossen mehrmals aus.

2. In einem Topf bringst Du die Brühe, die Sojasauce, den Kimchi, und dessen Saft sowie die Chiliflocken zum Kochen. Reduziere die Hitze und lass die Suppe etwa 5 Minuten köcheln.

3. Gib nun die Sojabohnensprossen und den Knoblauch hinzu. Lass die Suppe weitere 5 Minuten zugedeckt köcheln.

4. Schmecke die Suppe mit Salz und Pfeffer ab. Drehe die Hitze ab und gib die Frühlingszwiebeln hinzu.

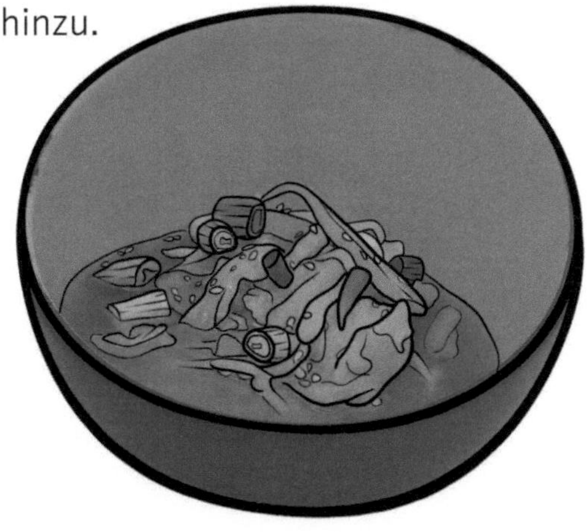

Koreanische, warme Nudelsuppe (Janchi Guksu)

Zubereitungsdauer: 40 Minuten

Zutaten:

- 100 g Somyeon-Nudeln
- 600 ml Gemüsebrühe
- 1 El. Sojasauce
- 1 Prise Salz
- 1 Tl. geröstetes Sesamöl
- 1 Prise Zucker

Toppings (nach Wahl):

- ½ Karotte, in feine Stifte geschnitten
- ½ Zucchini, in feine Stifte geschnitten
- 40 g Kimchi, in feine Streifen geschnitten
- ½ Nori-Blatt, in viereckige Streifen geschnitten
- ½ Frühlingszwiebel, in Ringe geschnitten

Zubereitung:

1. Brate das rohe Gemüse (Karotten und Zucchini) als Topping in einer Pfanne mit etwas Öl und etwas Salz scharf an. Gib die Toppings auf einen Teller. Mische den Kimchi mit Sesamöl und Zucker in einer Schüssel zusammen.

2. Koche einen Topf Wasser auf und gib die Nudeln hinein. In der Zwischenzeit bringst Du die Gemüsebrühe, die Sojasauce und das Salz in einem anderen Topf zum Kochen. Lass die Nudeln etwa 3 Minuten kochen und schrecke sie mit kaltem Wasser ab. Gib die Nudeln zum Servieren portioniert in Schüsseln.

3. Gieße die Nudeln mit der aufgekochten Brühe auf und dekoriere sie zum Schluss mit den Toppings.

Seetang-Suppe (Miyeokguk)

Zubereitungsdauer: 1,5 Stunden

Zutaten:

- 20 g Shiitake-Pilze, fein gewürfelt
- 10 g Wakame-Algen, eingeweicht
- 1 El. geröstetes Sesamöl
- 2 El. Sojasauce
- 1 L Wasser
- 1 Tl. Salz
- 1 Prise Pfeffer
- 1 Tl. Getrocknete Petersilie

Zubereitung:

1. Wasche die eingeweichten Algen mit klarem Wasser aus und lass sie abtropfen. Schneide sie dann in mundgerechte Happen.

2. Gib das Sesamöl in einen vorgeheizten Topf und brate dann die Pilze darin an, bis sie golden-braun sind. Füge dann die Algen und die Sojasauce hinzu und brate alles gemeinsam weitere 2 Minuten an.

3. Lösche alles mit dem Wasser ab und gib die restlichen Zutaten hinzu. Bringe den Topf zum Kochen, wonach Du die Hitze auf die niedrigste Stufe drehst. Lass die Suppe etwa 1 Stunde zugedeckt köcheln.

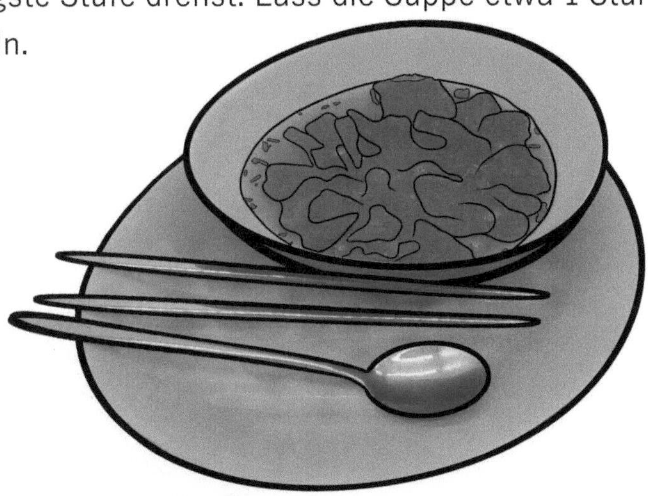

Kalte Gurkensuppe (Oi Naengguk)

Zubereitungsdauer: 20 Minuten + 20 Minuten ruhen lassen

Zutaten:

- 1 Gurke, in feine Stifte geschnitten
- 1 Tl. Wakame-Algen, eingeweicht
- 1 Frühlingszwiebel, in feine Ringe geschnitten
- 1 Knoblauchzehe, gehackt
- 2 El. Sojasauce
- 2 El. Essig
- ½ Tl. Chiliflocken
- ½ Tl. geröstetes Sesamöl
- 1 Tl. gerösteter Sesam
- 600 ml Wasser
- 1 Prise Salz

Zubereitung:

1. Bringe einen Topf mit Wasser zum Kochen und gib die eingeweichten Algen für 30 Sekunden hinein. Schrecke sie dann mit kaltem Wasser ab und drücke sie vorsichtig aus. Schneide die Algen danach in mundgerechte Happen.

2. Gib alle Zutaten außer das Wasser in eine große Schüssel, wo Du sie etwa 10 Minuten ruhen lässt. Gib dann das Wasser hinzu und rühre alles ordentlich um. Stelle die Schüssel für weitere 10 Minuten zum Ruhen in den Kühlschrank. Serviere die Suppe kalt und optional mit Eiswürfeln.

Sojamilch-Suppe (Kong-Guksu)

Zubereitungsdauer: 30 Minuten + über Nacht einweichen lassen

Zutaten:

- 80 g getrocknete, geschälte Sojabohnen
- 700 ml Wasser
- 1 El. geschälte Mandeln
- 1 Tl. Salz
- 120 g Somyeon-Nudeln
- ½ Gurke, in kurze dünne Stifte geschnitten
- 1 Tomate, geachtelt
- 1 El. gerösteter Sesam

Zubereitung:

1. Wasche die Sojabohnen ordentlich mit kaltem Wasser durch und lass sie im Wasser über Nacht bei Raumtemperatur einweichen.

2. Am nächsten Tag gibst Du die Bohnen mit dem Wasser und den Mandeln in einen großen Topf und bringst alles zum Kochen. Drehe dann die Hitze hinunter und lass alles für etwa 15 Minuten köcheln. Schöpfe dabei mit einem Sieb den entstehenden Schaum ab.

3. Lass den Topf abkühlen und püriere den Inhalt danach. Gib das Salz hinzu, und fülle die Brühe in eine große Schüssel, die Du dann im Kühlschrank aufbewahrst.

4. Koche die Nudeln in einem Topf mit kochendem Wasser für etwa 3 Minuten, bis sie bissfest werden und schrecke sie daraufhin mit kaltem Wasser ab.

5. Zum Servieren der Suppe gibst Du die Nudeln in eine Schüssel. Fülle sie mit der kalten Sojamilch auf und gib die restlichen Zu taten hinzu. Optional kannst Du auch Eiswürfel hinzugeben.

Kalte Gerichte
차가운 요리

Tofu-Salat (Dobu-Salat)

Zubereitungsdauer: 20 Minuten

Zutaten:

- ½ Block Tofu (ca. 200 g)
- ½ Packung Salat-Mischung aus der Kühltheke (ca. 75 g)

Sauce:

- 2 El. Sojasauce
- 1 El. Zitronensaft
- 1 El. Reiswein
- 1 Tl. Zucker
- 1 Tl. geröstetes Sesamöl
- 1 Tl. gerösteter Sesam
- ½ Tl. Chiliflocken
- 1 Knoblauchzehe, gehackt
- 1 Frühlingszwiebel, in feine Ringe geschnitten

Zubereitung:

1. Mische alle Zutaten für die Sauce in einer Schüssel zusammen.

2. In einem kleinen Topf kochst Du Wasser auf und gibst dann den Tofu hinzu, den Du zugedeckt ca. 5 Minuten bei mittlerer Hitze köcheln lässt.

3. Nimm den Tofu aus dem Wasser und lass ihn abtropfen. Schneide ihn in Scheiben, wenn er abgekühlt ist.

4. Serviere die Tofu-Scheiben auf einem Teller, lege die Salatmi schung darauf und gieße löffelweise die Sauce drüber.

Glasnudelsalat (Japchae)

Zubereitungsdauer: 30 Minuten

Zutaten:

- 100 g Spinat
- ½ Karotte, in feine Stifte geschnitten
- ½ rote Paprika, in feine Stifte geschnitten
- 3 Shiitake-Pilze, in dünne Scheiben geschnitten
- 100 g Glasnudeln oder Süßkartoffelnudeln
- Salz

Für die Sauce:

- 150 ml Wasser
- 3 El. Sojasauce
- 1 El. brauner Zucker
- 1 Prise Pfeffer
- 1 El. gerösteter Sesam
- 1 El. geröstetes Sesamöl

Zubereitung:

1. Bringe einen Topf mit Wasser und etwas Salz zum Kochen. Gib die Nudeln hinein und lass sie für höchstens 1 Minute kochen, also etwa so lange, bis sie sich verformen lassen, ohne zu brechen. Hole sie mit einem Sieb aus dem Topf und schrecke die Nudeln dann mit kaltem Wasser ab.

2. In denselben Topf mit dem kochenden Wasser gibst Du nun den Spinat und lässt diesen für knapp 30 Sekunden Kochen, bis Du ihn herausnimmst und ebenfalls mit kaltem Wasser abschreckst. Drücke den Spinat vorsichtig aus, salze und knete ihn vorsichtig durch.

3. Rühre die Sauce in einer Schüssel an. Brate die Pilze mit etwas Öl in einer Pfanne mit hohen Rändern, bis sie gold-braun sind und salze sie. Entferne die Pilze und gib Karotten und Paprika in

die Pfanne. Brate das Gemüse auch kurz mit etwas Salz an und stelle es anschließen beiseite.

4. Schütte nun die Sauce in die Pfanne und lass sie aufkochen. Dann gibst Du vorsichtig die Nudeln hinzu und rührst ordentlich durch. Die Nudeln werden die Sauce aufsaugen. Wenn in der Pfanne keine Flüssigkeit über ist und die Nudeln fertiggekocht sind, gibst Du sie in eine große Schüssel mit Paprika, Karotten, Pilzen und Spinat.

5. Mische alles ordentlich durch, nachdem die Nudeln etwas abge kühlt sind. Das Gericht wird lauwarm oder bei Zimmertemperatur gegessen.

Kalte Nudeln mit Kimchi (Kimchi Bibim Guksu)

Zubereitungsdauer: 20 Minuten

Zutaten:

- 100 g Somyeon-Nudeln
- 60 g Kimchi, fein gehackt
- 30 ml Saft vom Kimchi
- 1 El. Gochujang
- 1 El. Sojasauce
- 1 El. Reisessig
- 1 El. Zucker
- ½ El. geröstetes Sesamöl
- 1 Tl. gerösteter Sesam

Zubereitung:

1. Mische In einer großen Schüssel alles außer die Nudeln zusammen.

2. In der Zwischenzeit bringst Du einen Topf mit Wasser zum Kochen und gibst die Nudeln hinein. Lass sie etwa 3 Minuten Kochen, bis sie bissfest sind und schrecke sie mit kaltem Wasser ab. Lass die Nudeln abtropfen.

3. Gib die Nudeln anschließend in die Schüssel und vermenge alles miteinander, bis die Nudeln vollständig mit der Sauce beschichtet sind.

Auberginenröllchen (Gaji Mari)

Zubereitungsdauer: 30 Minuten

Zutaten:

- 1 Aubergine
- Öl zum Braten
- Salz und Pfeffer zum Abschmecken

Für die Füllung:

- 20 g Rotkohl, grob gerieben
- ¼ rote Paprika, in dünne Stifte geschnitten
- ¼ gelbe Paprika, in dünne Stifte geschnitten
- ¼ grüne Paprika, in dünne Stifte geschnitten

Senfsauce:

- 1 Tl. Senf
- 1 El. Essig
- ½ El. Zucker
- 1 El. Apfelnektar
- 1 Prise Salz

Abgewandelte Sojasauce:

- 1 El. Sojasauce
- 1 El. Essig
- 1 Tl. Zucker
- 1 El. Apfelnektar

Zubereitung:

1. Schäle mit einem Gemüseschäler lange, blattdünne „Blätter" von der Aubergine ab, indem Du erst ein Stück der Haut der Aubergine abschälst und an derselben Stelle immer wieder den Schäler ansetzt und so hauchdünne Auberginen-Blättchen abschabst. Alternativ kannst Du die Aubergine auch reiben.

2. Brate die dünnen Blätter auf einer erhitzten Pfanne mit etwas Öl an. Bestreue die Auberginen mit Salz und Pfeffer und brate jede

Seite etwa 3 Minuten an. Die fertigen Auberginen-Blätter gibst Du auf einen Teller.

3. Rühre die beiden Saucen an und stelle sie beiseite. Nimm nun eines der Blätter, lege die Füllung quer auf ein Ende der Blätter und rolle sie dann ein. Widerhole das mit allen Blättern und sammle die Röllchen auf einem Teller mit den Saucen.

Koreanische Sushi-Rolle (Mayak Gimbap)

Zubereitungsdauer: 40 Minuten

Zutaten:

- 100 g Sushi-Reis
- Etwas geröstetes Sesamöl
- 50 g Spinat, blanchiert
- Salz zum Abschmecken
- ½ Karotte, in dünne Stifte geschnitten
- Eingelegter Rettich (siehe Seite 25), in dünne Stifte geschnitten
- 2 Nori-Blätter, geviertelt

Für den Dip:

- 1 El. gerösteter Sesam
- 1 El. Essig
- 1 Tl. Sojasauce
- 1 Tl. Senf
- 1 Tl. Zucker
- 1 Prise Salz

Zubereitung:

1. Koche den Reis und rühre den Dip an. Gib den heißen Reis auf einen großen Teller und breite ihn auf diesem vorsichtig mit einem Löffel aus. Gib etwas Sesamöl und Salz hinzu und rühre den Reis vorsichtig um.

2. Stelle eine Schüssel mit Reis auf Deine Arbeitsfläche. Die Nori-Blätter haben eine glänzende und eine matte Seite. Lege die Nori-Stücke mit der glänzenden Seite nach unten vor Dich und feuchte Deine Hände an. Gib den Reis auf die Nori-Viertel und achte darauf, dass die Seite, die von Dir weg zeigt, etwa 1 cm frei von Reis bleibt. Gib nun etwas von dem Gemüse auf die untere Reishälfte und drehe das Nori-Blatt ein, indem Du mit Deinen Zeigefingern die Füllung der Rolle zurück gegen den Reis drückst und mit Deinen Daumen das Nori-Blatt drüber rollst.

Falls Du eine Bambus-Matte zum Sushi-Rollen hast, kannst du sie gerne dazu benutzen.

3. Nachdem Du die restlichen Blätter mit Reis und Gemüse befüllt und eingerollt hast, gibst Du etwas Sesamöl in eine kleine Schüssel. Tunke einen Küchenpinsel hinein und bestreiche die Rollen mit einer dünnen Schicht Öl.

Kimchi-Reisröllchen (Kimchi Ssambap)

Zubereitungsdauer: 40 Minuten

Zutaten:

- Kimchi-Blätter (siehe Seite 16), ausgedrückt
- ½ Zwiebel, in feine Würfel geschnitten
- ½ Karotte, in feine Würfel geschnitten
- ½ grüne Paprika, in feine Würfel geschnitten
- 1 Shiitake-Pilz, in feine Würfel geschnitten
- 40 g Tofu, mit einer Gabel zerbröselt
- 100 g gekochter Reis
- 1 El. Sojasauce
- 1 El. geröstetes Sesamöl
- 1 Tl. gerösteter Sesam
- Salz und Pfeffer zum Abschmecken

Zubereitung:

1. Brate den Tofu in einer Pfanne mit etwas Öl an, bis er leicht golden-braun wird. Gib Zwiebeln, Karotten, Paprika und Pilze hinzu und brate das ganze 2 Minuten weiter an.

2. Füge nun den Reis und die Sojasauce hinzu und vermenge alles. Salz und Pfeffer kommen an dieser Stelle auch hinzu. Mische zum Schluss das Sesamöl und den Sesam unter, bis alles gleichmäßig verteilt ist. Lass die Pfanne abkühlen.

3. Ist der gebratene Reis kalt genug, forme kleine Bällchen aus ihm. Nimm Dir dann die einzelnen Kimchi-Blätter, lege pro Blatt ein Reisbällchen an das weiße Ende des Blattes und rolle es ein. Achte darauf, dass Du die Ränder nach innen faltest beim Rollen. Wiederhole dies, bis Du genug Kimchi-Röllchen hast.

Süßes & Getränke
달콤함 &음료

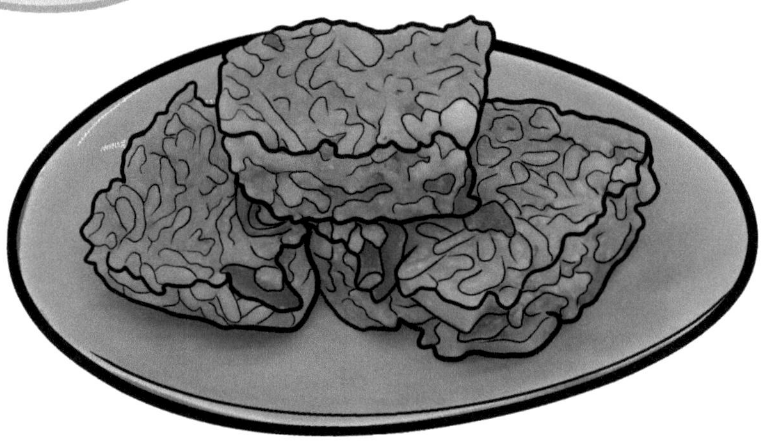

Gebratene, gefüllte Pfannkuchen (Hotteok)

Zubereitungsdauer: 40 Minuten + 1,5 Stunden ruhen lassen

Zutaten:

Für den Teig:

- 2 Tl. Trockenhefe
- 1 Tl. Zucker
- 1 Tl. Salz
- 60 ml Wasser
- 350 g Mehl
- 80 g Reismehl
- 1 El. Olivenöl
- 310 ml lauwarmer Pflanzendrink

Für die Füllung:

- 60 g Pistazienkerne, fein gehackt
- 60 g Pinienkerne, fein gehackt
- 60 g Pekannusskerne, fein gehackt
- 4 El. Braunen Zucker
- 3 Tl. Zimt
- 1 Tl. Speisestärke
- 1 El. gerösteter Sesam
- 3 El. Wasser

Sonstiges:

- Öl zum Frittieren

Zubereitung:

1. Löse in einer kleinen Schüssel die Hefe und den Zucker im Wasser auf und stelle die Mischung für 10 Minuten beiseite, bis sie zu schäumen beginnt.

2. In der Zwischenzeit vermenge das Mehl, das Reismehl, das Salz und das Öl in einer weiteren Schüssel und gib im Anschluss die Hefemischung und den Pflanzendrink hinzu. Mische bzw. knete

alles so lange durch, bis ein Teig entsteht. Wenn der Teig zu klebrig sein sollte, kannst Du etwas mehr Mehl hinzufügen, oder Du reibst Deine Hände mit etwas Öl ein.

3. Dann legst Du den Teig in eine Schüssel, die an den Rändern und am Boden mit Fett bestrichen sein sollte, deckst alles ordentlich ab und lässt es knapp 1,5 Stunden an einem warmen Ort aufgehen. Nach einer Stunde kannst Du den Teig etwas eindrücken damit Luft entweicht und er sich erneut aufbläht.

4. Mische währenddessen alle Zutaten für die Füllung in einer kleinen Schüssel zusammen.

5. Nachdem der Teig aufgegangen ist, teile ihn in etwa 10 gleich große Stücke. Jedes einzelne Stück formst Du erst zu einer Kugel und rollst diese dann zu einem Fladen aus. Dann füllst Du 1 bis 2 El. von der Nussmischung in die Mitte des Fladens. Die Ränder klappst Du über der Füllung zusammen, sodass die Füllung im Teig verschlossen ist. Wiederhole diese Schritte, bis Du ungefähr 10 gefüllte Fladen hast bzw. die Nussmischung und der Teig aufgebraucht sind.

6. Gib reichlich Öl in eine Pfanne mit hohen Rändern, sodass die Fladen bis über die Mitte mit Öl bedeckt sind. Nachdem das Öl erhitzt ist, gibst Du 2 bis 3 Fladen in die Pfanne und drückst sie mit einem Pfannenwender platt. Brate die Fladen etwa 3 Minuten auf jeder Seite gold-braun an.

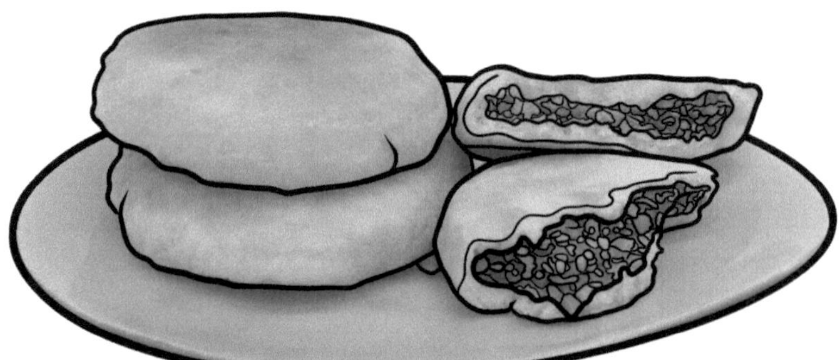

Gerösteter Maistee

Zubereitungsdauer: 4,5 Stunden + im Kühlschrank abkühlen lassen

Zutaten:

- 2 Maiskolben, die Maiskörner vom Kolben geschabt
- 2 L Wasser
- 2 El. Ahornsirup
- Zitronen- und Chili-Scheibchen zum Garnieren

Zubereitung:

1. Heize den Ofen auf 180 ° C (Ober-/Unterhitze) vor. Gib dann die Maiskörner samt den Kolben auf einem Backblech für etwa 4 Stunden hinein. Achte darauf, dass der Mais nicht verbrennt. Falls doch, drehe die Hitze hinunter, oder hole das Backblech früher heraus.

2. Nachdem der Mais aus dem Ofen gekommen ist, gibst Du die Maiskörner mit dem Ahornsirup in einen großen Topf und rührst beides bei mittlerer Hitze um, bis die Körner vollständig vom Sirup überzogen sind.

3. Gib nun das Wasser und die Maiskolben hinzu und lass alles aufkochen. Dreh danach die Hitze hinunter und lass den Tee etwa 15 Minuten köcheln.

4. Fange den Tee dann in einem anderen Topf auf, indem Du ihn durch ein Sieb laufen lässt, um die großen Maisstücke aufzufangen. Lass den Tee im Kühlschrank abkühlen und serviere ihn kalt mit Zitrone und Chili.

Süßer Reiskuchen (Yaksik)

Zubereitungsdauer: 40 Minuten + 2 Stunden einweichen lassen

Zutaten:

- 180 g Spitzkornreis
- 60 g Kastanien, geschält
- 40 g getrocknete, rote Datteln, entkernt und das Fleisch in kleine Scheiben geschnitten
- 1 El. Pinienkerne
- 1 El. Kürbiskerne
- 2 El. Sojasauce
- 50 g brauner Zucker
- 1 El. Ahornsirup
- 1 El. geröstetes Sesamöl
- 1 Prise Zimt

Zubereitung:

1. Wasche den Reis drei- bis viermal gründlich mit kaltem Wasser aus und lass ihn für 2 Stunden in klarem Wasser einweichen. Wenn der Reis fertig ist, lass ihn in einem Sieb abtropfen, während Du Dich an die nächsten Schritte machst.

2. In einen großen Topf gibst Du nun das Wasser, das Du zum Kochen des Reises brauchst (mehr dazu auf Seite 12), und die Dattelkerne hinein und bringst alles zum Kochen. Drehe dann die Hitze hinunter und lass den Topf etwa 15 Minuten köcheln.

3. Entferne vorsichtig die Dattelkerne aus dem Wasser und gib Sojasauce, Zucker, Zimt und Ahornsirup hinzu und lass es weitere 2 bis 3 Minuten köcheln, bis Du dann das Sesamöl beigibst.

4. Gib nun den Reis hinzu. Schüttle den Topf vorsichtig, damit der Reis gleichmäßig im Topf verteilt ist. Lege dann die Kastanien und das Dattel-Fleisch darauf, ohne umzurühren. Setze den Deckel auf den Topf und lass den Reis so lange bei niedriger Hitze

köcheln, bis das Wasser aufgesaugt ist. Das sollte etwa 15 Minuten dauern.

5. Wenn der Reis fertig ist, gibst Du die Pinien- und Kürbiskerne hinzu und mischst alles vorsichtig miteinander durch. Verteile die Reismischung in einer rechteckigen Backform oder einem anderen hitzebeständigem Behälter und lass sie abkühlen. Drücke dabei die Reismischung platt an den Boden und an die Ränder der Backform, damit der Kuchen beim Abkühlen ordentlich zusammenhält.

6. Wenn der Kuchen nun halbwegs abgekühlt ist, schneidest Du ihn in gleich große Stücke und wickelst jedes einzelne in Frischhaltefolie. Lege die Stücke dann in die Tiefkühltruhe, wenn Du nicht vorhast, sie direkt zu servieren.

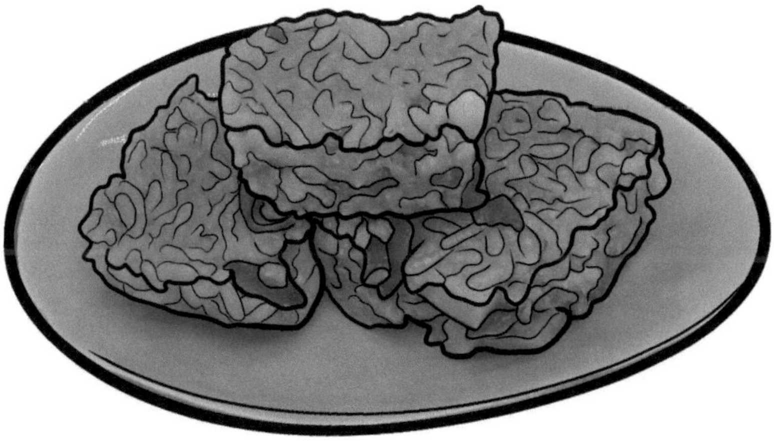

Reis-Punch (Sikhye)

Zubereitungsdauer: 5 Stunden + 1 Stunde ruhen lassen

Zutaten:

- 50 g Rundkornspitzreis
- 60 g Gerstenmalz
- 1,4 L warmes Wasser
- 1 fingernagelgroßes Stück Ingwer, grob gewürfelt
- 50 g Zucker
- ½ Tl. Salz

Zubereitung:

1. Gib das Malz in ein Käse- oder feines Küchentuch aus Baumwolle. Schütte das Wasser in eine große Schüssel und lege das Tuch mit dem Malz in das Wasser, wo Du es etwa 30 Minuten ruhen lässt. Knete das Malz im Tuch hin und wieder durch, damit das Wasser milchiger wird.

2. Koche den Reis (siehe dazu die Tipps auf Seite 12) in einem größeren Topf, wobei Du aber etwa 10% weniger Wasser als gewöhnlich benutzt. Schütte vorsichtig das Malz-Wasser in den Topf mit dem Reis und achte darauf, dass Du die Ablagerung am Boden der Schüssel nicht mit in den Topf gießt. Mische den Topfinhalt kurz um.

3. Lasse den Topf nun zugedeckt auf der niedrigsten Stufe etwa 4 Stunden brodeln, bis einzelne Reiskörnen an der Oberfläche schwimmen.

4. Schütte die Brühe durch ein Sieb in einen anderen Topf um und fange den Reis auf. Diesen kannst Du entsorgen, oder nach mehrmaligem Auswaschen in einem Behälter in den Kühlschrank stellen, wobei der Reis mit Wasser bedeckt sein sollte. Bringe den Punch in dem Topf zum Kochen und entferne den Schaum, der dabei entsteht, mit einem Löffel.

5. Gib nun Zucker, Salz und Ingwer hinzu und lass den Punch weitere 5 Minuten kochen.

6. Nimm den Topf vom Herd. Der Punch sollte jetzt abkühlen, damit Du ihn in den Kühlschrank stellen kannst.

Süßkartoffel-Kaffee (Goguma Latte)

Zubereitungsdauer: 30 Minuten

Zutaten:

- 100 g Süßkartoffeln, grob gewürfelt
- 250 ml Pflanzendrink
- 1 Tl. Rohrzucker
- 1 Prise Zimt

Zubereitung:

1. Koche die Süßkartoffeln in einem Topf mit Wasser, bis sie gar sind und gieße danach das Wasser ab.

2. Püriere die Kartoffeln nun mit der Hälfte des Pflanzendrinks. Während des Pürierens gibst Du langsam den Rest hinzu und füllst das Getränk danach in einen Topf und erwärmst diesen.

3. Rühre den Zucker unter. Optional kannst Du noch vegane Barista-Milch benutzten und diese aufschäumen. Streue beim Servieren den Zimt über die Tassen oder Gläser.

Koreanische Mochi (Chapssaltteok)

Zubereitungsdauer: 30 Minuten

Zutaten:

- 100 g Reismehl
- 20 g Zucker
- 1 Prise Salz
- 100 ml Wasser
- 5 El. Azukibohnenpaste
- Speisestärke zum Ummanteln

Zubereitung:

1. Vermenge Mehl, Zucker und Salz in einer Schüssel, die für die Mikrowelle geeignet ist. Gib dann das Wasser hinzu und knete die Masse zu einer Teigkugel.

2. Stelle die Schüssel mit dem Teig nun abgedeckt in die Mikrowelle bei 900W für etwa 3 Minuten. Hole die Schüssel vorsichtig her aus und rühre die heiße Masse kräftig um, bis Du einen klebrigen Teig erhältst.

3. Verteile Stärke auf deiner Arbeitsfläche und lege den Teigklumpen darauf. Forme den Teig mit nassen oder mit Stärke eingepu derten Händen zu einer langen Wurst und wälze sie danach in der Stärke.

4. Nun scheidest Du die Wurst in etwa 10 Stücke. Decke die Stückchen mit Frischhaltefolie ab, während Du aus der Bohnenpaste 10 kleine Kugeln formst.

5. Nimm dann ein Teigstück, ziehe es mit den Fingern auseinander und setze eine Bohnen-Kugel in die Mitte des Teigstücks. Falte die Ränder so, dass die Bohnenpaste verschlossen ist. Forme die Teigtasche mit den Händen zu einer Kugel und wälze sie nochmal in Stärke.

Wiederhole diesen Schritt auch mit den restlichen Teigstücken und Bohnen-Kugeln.

6. Lege die Mochis danach in die Kühltruhe. Alternativ kannst Du sie auch im Kühlschrank aufbewahren, doch da halten sie maxi mal 2 Tage.

Ingwerplätzchen (Maejakgwa)

Zubereitungsdauer: 1 Stunde

Zutaten:

- 1 daumengroßes Stück Ingwer, gerieben
- 3 El. Wasser
- 80 g Mehl
- 1 Prise Salz
- Öl zum Braten

Für den Sirup:

- 35 g Zucker
- 30 ml Wasser

Zubereitung:

1. Mische den geriebenen Ingwer und das Wasser in einer kleinen Schüssel zusammen. Lasse den Saft durch ein Sieb laufen und drücke dabei das Fruchtfleisch des Ingwers aus. Wiederhole das mehrmals, bis das milchige Wasser gelb wird.

2. In einer größeren Schüssel mischst Du das Mehl mit dem Salz und gibst dann das Ingwerwasser hinein. Knete die Teigmasse ordentlich durch, bis Du einen trockenen Plätzchenteig hast. Decke die Schüssel ab und lass den Teig etwa 30 Minuten ruhen.

3. In einen kleinen Topf gibst Du dann die Zutaten für den Sirup und bringst das Ganze zum Köcheln. Drehe die Hitze auf die niedrigste Stufe und lass den Sirup etwa 5 Minuten brodeln. Entferne den Topf vom Herd.

4. Streue Mehl über Deine Arbeitsfläche und den Teig. Schneide ihn danach in 2 Teile und rolle eine Teighälfte zu einem Rechteck aus. Schneide den Teig längs in der Mitte durch und schneide dann quer in etwa 2 bis 3 cm Abständen kleine Rechtecke aus dem Teig.

5. Nimm eines der kleinen Rechtecke und falte es in der Mitte. Mache dann 3 Einschnitte auf der eingefalteten Seite bis zur Mitte. Falte das Teigstückchen wieder auseinander und drücke vorsichtig das obere Ende des Teigstückchens durch den mittleren Einschnitt, sodass die Ränder eingedreht sind. Wiederhole diesen Schritt mit allen anderen Teigrechtecken.

6. Erhitze so viel Öl, damit es die Teigstücke bedeckt, in einer Pfanne und gib dann die Teigstückchen hinein und brate sie für etwa 3 Minuten an und sammle die fertigen Plätzchen auf einem Teller mit Küchenpapier.

7. Gib die Plätzchen in den warmen Sirup und lass sie dann auf einem Backblech trocknen.

8. Wenn Du den Plätzchen etwas Farbe verleihen willst, achte darauf, dass Du die Mengen für den Teig auf 2 Schüsseln verteilst. Eine Schüssel hat die Hälfte der Zutaten, inklusive der Hälfte des Ingwerwassers, die andere Schüssel hat die andere Hälfte, wobei Du die andere Hälfte des Ingwerwassers mit Lebensmittelfarbe färben kannst. Wenn Du den Teig bei Schritt 4 dann ausrollst, mache das für beide Teighälften separat und lege dann die gefärbte auf die ungefärbte und rolle beide zusammen erneut platt. Der Rest der Schritte ist genau gleich.

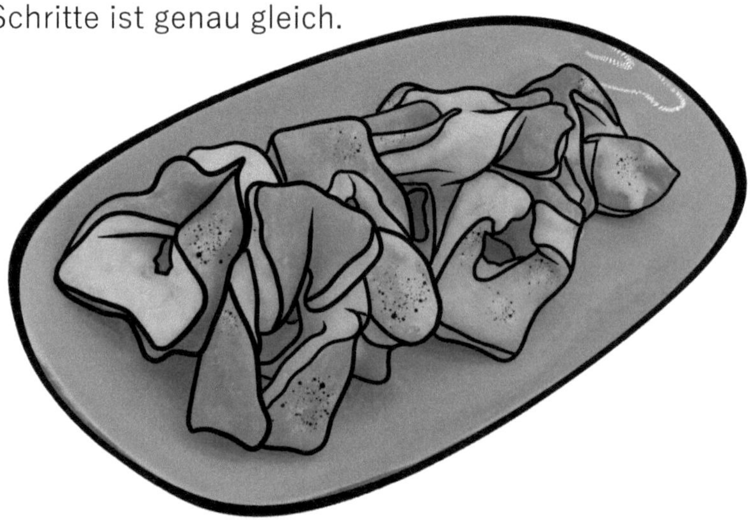

Spiralen-Donuts (Kkwabaegi)

Zubereitungsdauer: 30 Minuten + 2 Stunden ruhen lassen

Zutaten:

- 200 g Mehl
- 80 ml warmer Pflanzendrink
- 3 g Trockenhefe
- 40 g Zucker
- 1 Prise Salz
- 2 Tl. vegane Margarine
- 1 El. Apfelmus
- Öl zum Frittieren

Für die Zucker-Zimt-Mischung:

- 70 g Zucker
- 3 g Zimt

Zubereitung:

1. Löse die Trockenhefe in dem warmen Pflanzendrink auf und lass ihn etwa 5 Minuten stehen.

2. Mische in einer großen Schüssel Mehl, Zucker und Salz zusammen. Gib dann den Pflanzendrink und das Apfelmus hinzu und knete die Masse durch, bis Du einen Teig hast. Lass den Teig zugedeckt für etwa 30 Minuten ruhen. Gib danach die Margarine hinzu und knete alles noch einmal ordentlich durch. Decke den Teig erneut zu und lass ihn 1 weitere Stunde ruhen.

3. Breite Mehl auf deiner Arbeitsfläche aus und setze dann den Teig darauf. Knete ihn erneut durch, damit die Luft entweicht und teile ihn in etwa 8 gleichgroße Stücke auf. Rolle jedes Stück zu einer dünnen, langen Wurst aus und falte sie in der Mitte. Nimm dann die beiden Enden und überkreuze sie. Das wiederholst Du so lange, bis Du die Teigenden nicht mehr übereinanderlegen kannst. Drück sie zusammen, um die Teigspirale zu schließen. Wiederho le den Schritt mit den restlichen Teigstücken.

4. Bereite eine Schüssel mit der Zucker-Zimt-Mischung vor, indem Du beide Zutaten miteinander vermischst.

5. Gib Öl in eine Pfanne mit hohen Rändern oder einen Topf und erhitze es. Lege dann vorsichtig Spiraldonut für Spiraldonut in das Öl. Achte darauf, dass Du den Topf nicht überfüllst und die Donuts sich beim Frittieren nicht berühren. Lass die Donuts etwa 5 Minuten im Öl braten, bis sie golden-braun sind und lege die fertigen Donuts auf einen Teller mit Küchenpapier.

6. Wälze die Donuts in der Zucker-Zimt-Mischung, solange sie noch warm sind und lass sie danach einige Minuten abkühlen.

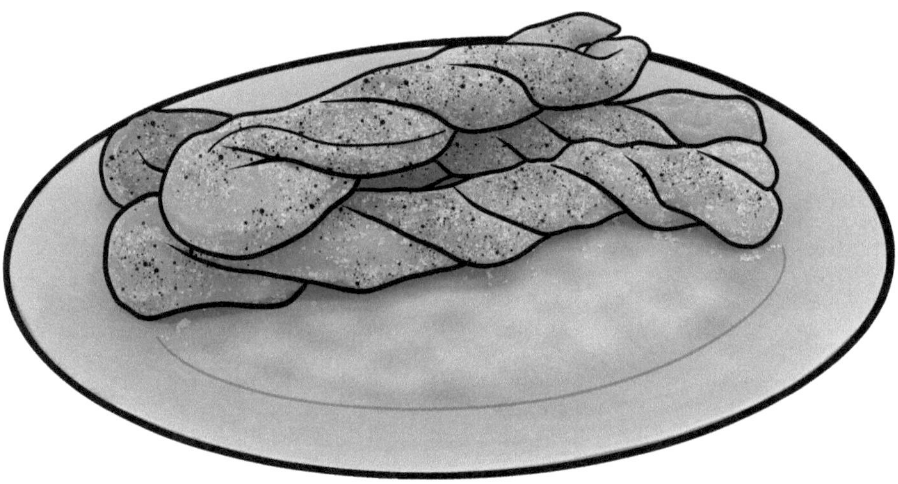

Kandierte Süßkartoffeln (Mattang)

Zubereitungsdauer: 40 Minuten + 30 Minuten abkühlen lassen

Zutaten:

- 250 g Süßkartoffeln, in mundgerechte Stücke geschnitten
- 40 g Zucker
- Öl zum Braten
- 1 Tl. gerösteter Sesam

Zubereitung:

1. Erhitze Öl in einer Pfanne oder einem Topf, um die Süßkartoffeln darin frittieren zu können. Gib die Kartoffeln für etwa 5 Minuten in das Öl, wenn es heiß genug ist. Lass sie danach kurz in einem Sieb abtropfen, während sich das Öl wieder erhitzt. Dann gibst Du erneut die Kartoffeln für 3 Minuten hinein und lässt sie da nach wieder abtropfen.

2. Gib etwas Öl in eine heiße Pfanne und schütte dann den Zucker gleichmäßig in die Pfanne. Lass den Herd auf mittlerer Hitze, während Du den Zucker für etwa 5 Minuten schmelzen lässt. Wenn er anfängt an manchen Stellen braun zu werden, schwenke die Pfanne, damit sich der Zucker verrührt. Benutze keinen Pfannenwender dafür, da sich der Zucker sonst karamellisiert. Schwenke die Pfanne für etwa 3 Minuten, bis der Zucker zu ei nem braunen Sirup geschmolzen ist.

3. Gib nun die Kartoffeln in den Sirup und mische alles kräftig durch, bis die Kartoffeln vollständig mit dem Sirup bedeckt sind. Lege die einzelnen Kartoffelstücke auf ein Backblech mit Backpapier, streue Sesam darüber und lass sie dort etwa 30 Minuten abkühlen. Achte darauf, dass Du die Stücke gleichmäßig auf dem Blech verteilst und dass sich keines der Stücke berührt, da sie sonst aneinanderkleben werden.

Entdecken Sie weitere interessante Kochbücher von Leseglück!

Zuckerfrei Vegan den Heißhunger stoppen!: Köstliche Leckereien zum Backen , Kochen & mehr, vegan und mit natürlicher Süße statt Industriezucker

Mia San Vegan: Bayrisches Kochbuch für Veggies – 63 ausgefallene vegane Rezepte von Obazda bis Krustenbraten (Monis Kochbücher)

Ihre Zufriedenheit ist unser Ziel!

Liebe Leser, liebe Leserinnen,

hat Ihnen unser Buch gefallen? Haben Sie Anmerkun gen für uns? Kritik? Bitte zögern Sie nicht, uns zu schreiben. Wir werden jede Nachricht persönlich lesen und beantworten.

Schreiben Sie uns: info@ek2-publishing.com
Wussten Sie schon, dass Sie uns dabei unterstützen können, unsere Leseglück-Produkte sichtbarer zu machen? Bitte nehmen Sie sich einen Moment Zeit und bewerten Sie dieses Buch online. Viele positive Rezensionen führen dazu, dass das Buch mehr Menschen angezeigt wird.

Sie können somit mit wenigen Minuten Zeitaufwand unserem kleinen Familienunternehmen einen großen Gefallen tun. Vielen Dank für Ihre Unterstützung!

Impressum

Eine Veröffentlichung der EK2-Publishing GmbH

Friedensstraße 12, 47228 Duisburg

Handelsregisternummer: HRB 30321

Geschäftsführerin: Monika Münstermann

E-Mail: info@ek2-publishing.com

Website: www.ek2-publishing.com

Autor: Maxim Werfel

Cover/Umschlag: Renee Rott

Lektorat: Angelina Blosfeld

Buchsatz: Heiko Piller

1. Auflage: März 2024

Druckhinweis:

Libri Plureos GmbH

Friedensallee 273

22763 Hamburg

MIX
Papier aus verantwortungsvollen Quellen
Paper from responsible sources
FSC® C105338